国家社科基金
GUOJIA SHEKE JIJIN HOUQI ZIZHU XIANGMU
后期资助项目

包容性市场系统的构建

兼论有调控的多中心层级化自由市场的形成

Inclusive Market System Building:
On the Formation of Multi-center Hierarchical Market System

姜雁斌　著

中国人民大学出版社
·北京·

图书在版编目（CIP）数据

包容性市场系统的构建：兼论有调控的多中心层级
化自由市场的形成/姜雁斌著. --北京：中国人民大
学出版社，2024.1
国家社科基金后期资助项目
ISBN 978-7-300-32564-4

Ⅰ. ①包… Ⅱ. ①姜… Ⅲ. ①自由市场-研究 Ⅳ.
①F713.58

中国国家版本馆 CIP 数据核字（2024）第 011706 号

国家社科基金后期资助项目
包容性市场系统的构建：兼论有调控的多中心层级化自由市场的形成
姜雁斌　著
Baorongxing Shichang Xitong de Goujian：Jianlun Youtiaokong de
Duozhongxin Cengjihua Ziyou Shichang de Xingcheng

出版发行	中国人民大学出版社		
社　　址	北京中关村大街 31 号	邮政编码	100080
电　　话	010 - 62511242（总编室）	010 - 62511770（质管部）	
	010 - 82501766（邮购部）	010 - 62514148（质管部）	
	010 - 62515195（发行公司）	010 - 62515275（盗版举报）	
网　　址	http://www.crup.com.cn		
经　　销	新华书店		
印　　刷	唐山玺诚印务有限公司		
开　　本	720 mm×1000 mm　1/16	版　　次	2024 年 1 月第 1 版
印　　张	10.75 插页 1	印　　次	2024 年 1 月第 1 次印刷
字　　数	180 000	定　　价	68.00 元

国家社科基金后期资助项目
出版说明

后期资助项目是国家社科基金设立的一类重要项目，旨在鼓励广大社科研究者潜心治学，支持基础研究多出优秀成果。它是经过严格评审，从接近完成的科研成果中遴选立项的。为扩大后期资助项目的影响，更好地推动学术发展，促进成果转化，全国哲学社会科学工作办公室按照"统一设计、统一标识、统一版式、形成系列"的总体要求，组织出版国家社科基金后期资助项目成果。

全国哲学社会科学工作办公室

目　录

第一章　多中心层级化市场下
包容性市场系统的构建理论

1.1　引言

通过将产业发展融入新兴和边缘部门，或市场以实现市场网络层级提升，是市场形成多元化制度逻辑、提升各类主体权利获得能力和市场包容性的重要手段（Newton，2002；Ali & Hyun，2007；Ali & Zhuang，2007；Rauniyar & Kanbur，2010；Ali & Yao，2004；Prahalad，2005；Maguire，Hardy & Lawrence，2004）。如普拉哈拉德和哈蒙德（Prahalad & Hammond，2002）提出，在中心市场资源有限的情况下，融入新兴和边缘部门或市场，是市场推动大型集团公司以及边缘市场群体互动发展的重要手段（Bolt，2004；Prahalad & Hammond，2002；Prahalad，2005；Maguire，Hardy & Lawrence，2004）。在过去的40多年中，中国的经济发展取得了令人瞩目的成绩，成为世界第二大经济体。随着农村市场的发展，中国减贫效果显著（Fernando，2008；黄祖辉，张静 & Kevin Chen，2009；阮建青，张晓波，卫龙宝，2007）。中国大型集团公司以及新生组织的影响力也在不断提升，如科创板的开通，这让我们看到了通过大型集团产业链衍生融入新兴和边缘部门或市场群体以推动自身以及市场发展的可能。在这样的背景下，传统研究将包容性的市场系统定义为通过将产业发展融入新兴和边缘部门或市场群体，推动包括政府和大型集团公司在内的各类市场主体将资源投入新兴和边缘部门或市场中，从而带来新兴和边缘部门或市场主体发展权利获得能力的持续提升（Fernando，2008；Ali & Son，2007；McKinley，2010；Prahalad，2005）。

传统研究认为，市场制度缺失引起的市场失效或者自身能力的缺乏是约束新兴和边缘部门或市场主体获得各类发展权利并参与到市场系统中的核心原因（Mair，Martí & Ventresca，2012；Campbell，2004；Campbell & Lindberg，1990；La Porta etal.，1998；North，1990）。尤其是对发展中国家来说，市场系统的失效和制度体系的缺失，使得边缘市场的群体需要依赖非正规的信任关系以获取必要的金融、信息资源（Mair，Martí & Ventresca，2012）。姜雁斌前期的研究认为，通过降低交易成本，具有合法性的贸易平台为构建包容性的市场系统提供了有效的支撑，如基于网络平台的贷款系统作为一种新兴的资源要素获取手段，由于其信息的可获得性以及不同类型交易成本形成来源的特性，通过构建新的合法性的规范，为中小企业构建起了新的合法的金融身份，使得在传统金融市场中权利缺失的市场主体在新市场结构下能够有效获得金融权利（姜雁斌，2012a）。然而，现有研究在解释权利缺失主体融入市场产业网络的过程中，主要考虑了主体自身资源获得的影响，而并未考虑市场中各类利益相关主体的层级化竞争以及政府调控供给的影响（Cardinale，2018；Washington & Zajac，2005），这导致现有研究并不能解释在存在竞争以及调控带来主体层级竞争性约束的环境下（Batjargal et al.，2013；Washington & Zajac，2005；Kenneth & Brian，2019；Cardinale，2018），权利缺失主体是如何融入不同类型生产系统产业网络而推动新市场结构形成的。本研究将讨论在这样的环境下，政府是如何通过调控推动市场竞争来聚合各类权利缺失主体以推动新市场结构的形成和包容性市场的构建。

1.2 多中心层级化市场、权利缺失与市场包容性

1.2.1 多中心层级化市场及权利获得的来源

传统的关于包容性市场形成的研究更多聚焦于非层级化的市场，现有研究指出，市场具有多中心层级化的特征。市场的多中心性表现为，在相同社会层级的环境下也会存在多种类型市场状态的市场设计者以定义主体在市场中的层级。如巴特扎尔格勒等（Batjargal et al.，2013）认为，市场上具有不同类型的制度设计主体以定义市场主体的行为。牛顿（Newton，2002）指出，不同的中心市场会存在不同的价值主张，如跨国企业更多聚焦于跨国产业链的完善，而绿色治理组织更多聚焦于通过生态系统构建以实现价值创造。梅尔、马蒂和文特雷斯卡（Mair，Martí &

Ventresca，2012）则提出市场上定义主体自由度和产权的方式至少包括政治、文化以及社区维度。市场的层级状态表现为不同的市场层级具有不同的自由度，高层级的市场状态意味着这一市场主体对相关的低层级的合作伙伴拥有更高的市场控制力（Gould，2003）。市场状态层级决定企业的成本结构（Podolny，1993）、市场机会（Jensen，2008）以及对资源的获取（Stuart，Hoang & Hybels，1999）。因此，市场主体嵌入网络的市场状态层级将决定这个市场主体在市场中的自由度（Cardinale，2018）。嵌入网络的市场主体的层级越高，其自由度及自由度交涉空间越高。而要获得更高的自由度以及自由度交涉空间，需要不断积累正向的关系渠道，同时降低负向的关系渠道（Washington & Zajac，2005）。因此，通过不断积累正向的关系渠道以提升各类市场主体的自由度以及自由度交涉空间，是提升相应市场下包容性的重要手段。

　　然而，在多中心层级化市场环境下，即使高自由度层级市场被认为是负向的关系渠道，如果进入低自由度的边缘市场并能够有效提升市场主体的自由度交涉空间，也有助于主体以及边缘市场正向自由度的形成。因此，多中心层级化市场具有独特的权利形成机制以及多样的自由度获得来源（Newton，2002）。这里的研究把自由度定义为依据主体所在的市场层级网络位置，以及自身的议价能力而获得的进入不同层级和类型的网络渠道中获取不同程度利益的权利资质（Abdurakhmonov，Ridge & Hill，2020；Puranam，Singh & Zollo，2006），它表现为一种流动性资质。自由度交涉空间被定义为依据主体资源和能力的稀缺程度而获得的不同于同层级竞争对手的资质和利益空间。网络表现为进入不同层级的市场、资源以及政策设计领域的渠道或资源。

1.2.2　多中心层级化市场下自由度的竞争、政府调控和溢出性升级循环特征

　　在多中心层级化市场中，主体获得更高自由度的核心在于更高自由度层级将有利于主体获得更多的利益，包括依据主体自由度层级而分配的对各层级资源的利用和获取能力的升级。而其他更多市场主体自由度的层级提升将带来低自由度市场主体的自由度交涉空间被压缩，在自由度稀缺程度下降的情况下，各类主体将不断溢出或者运用具有更高自由度的技术，以获得更大的自由度交涉空间和更高的自由度层级（Williamson，Wu & Yin，2019）。自由度竞争带来的自由度溢出流失的威胁是主体溢出或者引

入具有更高自由度的技术以获得更高自由度交涉空间的核心原因。在这样的背景下，自由度的溢出被定义为市场主体的模仿、学习以及同类型自由度形成能力群体的集聚带来了对应框架下满足自由度权利资质市场主体的增多，形成了市场配套资源供给能力的压缩和交易主体间自由度交涉空间的降低（Wright & Zammuto，2013），从而推动了某些主体溢出本地或部门市场后，进入新的低自由度的中心部门或市场，从而获得更高的自由度交涉空间，或者推动某些具有更高自由度形成能力的主体通过升级自身的技术资质和自由度进入新市场目录框架中，以获得更高的自由度交涉空间以及配套的更多资源（Swaminathan，2001）。自由度的溢出也将推动市场自由度的升级和自由度层级结构的改变。自由度主张被定义为通过独特的自由度技术和制度范式来分配市场的资源（Pache & Santos，2010）。

新市场的开放也将为各类市场主体带来新的市场接口。有别于关于市场机会接口的传统研究，本研究将新市场结构的接口定义为市场可以通过新的方法或者运营方式带来市场中的新资源、新材料或者新服务，使其进入市场运营体系中并创造出多于投入资源价值的机会（Eckhardt & Shane，2003；Shane & Venkataraman，2000）。在自由度层级视角下的包容性市场中，市场机会接口被定义为通过引入新方法、新资源或者新渠道形成新自由度主张，进而形成新自由度主张产业链的接口，并获得更高的自由度交涉空间以及自由度交涉权利。

多中心层级化市场会随着自由度交涉空间的改变，带来市场的溢出性升级以及升级性溢出。溢出性升级指市场中同类型自由度的增多将挤压主体获得更高市场自由度的能力，带来主体获得更高自由度交涉空间的需求从而进入新兴或边缘部门或市场中，并带动新兴和边缘部门或市场的模仿、学习以及自由度的输送，从而推动市场整体自由度的稀缺性下降以及市场结构的改变。在市场中，自由度层级以及资源、资质存在竞争的情况下，这将导致市场中具有高自由度形成能力的主体进一步推动自身自由度升级以提升自身的自由度交涉空间并形成新的市场接口，进而推动市场持续升级。

市场的升级将带来市场中低层级自由度的稀缺性持续下降，将挤压某些低自由度主体的市场空间，从而推动市场的升级性溢出，使其进入具有更高自由度交涉空间的领域。市场的升级性溢出指由于各类市场主体都存在更高的自由度需求，随着主体进入更高自由度交涉空间的中心部门或者市场，带来了市场内具有相似能力市场群体的学习和模仿，从而带来同类型群体的增多，同时挤压了主体的自由度交涉空间，进而随着市场产业网络的完善推动了具有更高自由度形成能力的主体进行产业升级，以及低自由度主体由于自由度断层的形成而出现权利缺失性的溢出，带来了市场自由度的层级衍生及市场结构的改变（Kenneth & Brian, 2019）。如余泳泽、刘大勇和龚宇（2019）指出，政府的层层加码会推动市场出现竞相投资的潮涌现象，并扭曲市场结构。市场的自由度升级性溢出表现为市场中同层级自由度主体的持续增多（Zhang, Li & Li, 2014），会带来高层级自由度资源供给约束以及主体自由度交涉空间的压缩，在其他部门和市场具有更高自由度形成能力的情况下，通过合理的引导手段推动各层级自由度生产群体和需求群体溢出，进入具有更高自由度形成能力的市场网络中以获得更高的自由度交涉空间（Abrahamson, 1991, 1996）。在这里，溢出的自由度群体既包括高自由度的群体，也包括低自由度的群体，高自由度群体将溢出而进入新兴高自由度部门或市场，低自由度群体以及权利缺失主体由于高层级市场自由度断层的形成将溢出而进入边缘市场（Williamson, Wu & Yin, 2019）。随着进入新兴和边缘部门或市场的主体增多，将推动新兴和边缘部门或市场主体的模仿和学习，从而带来新兴和边缘部门或市场的自由度升级以及市场结构的改变，带来市场整体自由度稀缺性的下降，推动高自由度主体的回流以及低自由度主体的下沉，从而形成部门或市场间的自由度升级循环。持续的部门内和部门间的自由度升级循环将推动市场主体随着市场的升级出现自由度交涉空间的持续压缩以及自由度断层的形成，进而将推动市场的升级性溢出，同时带动市场结构的改变。

随着这一过程的持续，中低层级自由度主张群体的增多将压缩制度设计主体自由度配套资源的供给能力，同时制度设计主体间自由度层级的竞争以及市场自由度层级的持续接近，将推动高层级市场主体合法化具有更高自由度形成能力的市场，这将挤压低自由度主体的市场空间以及资源获得能力并推动相应的主体溢出进入低层级市场（Hannan & Freeman, 1977），带动低层级市场自由度层级提升，从而推动低层级市场也形成合法化的高层级自由度主张市场的需求，并推动更多具有高自由度形成能力的主体出现和溢出而进入能够获得更高自由度交涉空间的市场，推动市场间循环的形成，并推动新自由度主张需求群体的持续形成，推动具有更高技术自由度市场的升级和溢出。

1.2.3　在制度特权与自由度的溢出性升级循环环境下包容性的体现

在多中心层级化市场中（Batjargal et al.，2013；Washington & Zajac，2005），不同的市场中心会依据自身网络层级自由度形成的方式来制定相应的制度规范。制度特权供给者如制度设计主体以及独特资源的提供者在网络中的层级状态也会更高（North，1990），这使得这类主体会拥有更多的权利、控制更多的资源以及拥有更高的为不同网络层级领域的主体提供定制价格及配套的自由度，如依据自身的网络层级对自身所掌控的资源具有定价权。

市场中的主体由于获得了特权主体的介入渠道而有机会获得独特的制度和资质支撑，以便获得更高的网络层级自由度，从而进入更为广泛的市场领域以及网络层级中。在自由度资源有限的情况下，制度特权供给者如制度设计主体和资源要素提供者为获得更高的市场层级，将更多依据市场主体本身在对应自由度主张结构下所拥有的自由度等级资质来分配不同层级的自由度，以利于推动自身自由度层级的提升。这样，只有部分自由度层级相对较高的主体才能获得直接对接这类主体的渠道并获得更高层级的自由度交涉权利。在这样的情况下，主体将由于获得了直接的自由度交涉权利而拥有更高的自由度交涉空间以及自由度层级。如市场设计主体在存在自由度竞争的情况下，为了提升自身的自由度和市场层级，将更有意愿推动高层级自由度资源的集聚，并依据主体自由度资源的稀缺性提供更多资源供给的价格补贴以及更多的资源配套供给（如税务配套补贴）、基础生产资源（如土地、原材料和电力等要素），这就带来了由于制度特权而形成独特的自由度交涉空间。这使得嵌入网络的主体会为获得自由度交涉权利而争取更高的网络层级自由度或者嵌入具有自由度交涉权利的网络产业链中，从而进行市场层级的竞争，这又会导致市场主体随着市场自由度层级的提升而不断压缩低自由度市场主体的自由度交涉空间，并导致市场状态的竞争性权利缺失，从而形成竞争悖论。

在存在溢出性升级循环的环境下，自由度的竞争和供给调控将导致各类市场主体出现自由度断层并形成竞争性权利缺失从而不断溢出，并推动市场形成多样化的自由度主张群体，通过调控推动不同自由度主张群体的集聚，将使市场形成更多不同类型自由度主张的生态系统（Newton，2002；Hajro，Gibson & Pudelko，2017；Datt'ee，Alexy & Autio，2018；Abrahamson & Fombrun，1994）。在这样的情况下，多类型自由度主张

独立生态系统的形成是形成多样化市场氛围以及包容性认知的重要基础
(Maguire, Hardy & Lawrence, 2004)。而在自由度主张同其他市场主体
包括特权主体存在差异的情况下，通过调控和市场竞争以推动更多类型自
由度主张独立生态系统获得定制化的自由度交涉权利或特权自由度的交涉
权利被认为是市场包容性的重要体现。因此，通过理解权利缺失的形成和
引入集聚过程，以理解如何推动新自由度主张独立生态系统的持续形成和
获得定制化的自由度交涉权利，是构建包容性市场系统的重要前提。

1.2.4　多中心层级化市场下权利缺失主体的形成、市场结构重构与权利缺失主体的引入

依据主体权利缺失的形成机制，多中心层级化市场下存在两种类型的
权利缺失来源，即竞争性以及制度性的约束来源。竞争性权利缺失指由于
各类市场主体对更高自由度的需求导致市场自由度层级不断升级，使得低
自由度主体由于能力以及认知结构的约束在无法进入高自由度市场的情况
下而持续溢出，并出现无法进入特权或特权依附主体产业网络的情形，从
而形成竞争性权利缺失。而制度性权利缺失主要来源于制度性的约束，如
由于地理性制度以及特权性制度区隔导致市场交易成本过高或出现强制约
束而无法有效融入现有市场的产业链中，带来了制度性约束从而形成权利
缺失 (Prahalad, 2005; 史晋川等, 2001)。

现有研究提出，可通过中介平台的构建重新设计市场架构并合法化对
应系统中的主体，提升主体在市场系统中的权利和自由度，推动权利缺失
主体融入市场系统中 (Mair, Martí & Ventresca, 2012)。马奎尔、哈代
和劳伦斯 (Maguire, Hardy & Lawrence, 2004) 提出网络边界的延展和
错位衍生有利于推动市场形成新的制度逻辑以及新市场结构并推动新制度
接口的形成，古尔塞斯和奥兹坎 (Gurses & Ozcan, 2015) 则指出，在中
心市场结构相对稳定的情况下，通过引入边缘市场的主体有助于新制度逻
辑和新市场结构的构建。然而，现有的制度和结构理论并未解释政府在推
动新自由度主张市场结构的形成并为市场主体带来特权自由度交涉权利过
程中的角色，现有研究仍然需要解释在竞争推动市场自由度溢出性升级循
环的多中心层级化市场环境下，该如何通过政府和市场的合作以引入溢出
的市场主体并推动中心和边缘市场新自由度主张市场结构的形成。

在上述情况下，针对特权自由度获得的约束以及新特权自由度主张形
成的约束，本研究需要解决以下问题：

• 在特权自由度供给受到约束的情况下，政府如何通过自由度调控推动市场竞争以带来市场结构重构，从而构建起新自由度主张的市场结构以提升市场自由度主张的多样性和包容性。

• 在市场竞争推动新自由度主张市场结构形成的过程中，政府如何通过自由度调控推动权利缺失市场主体的形成和引入。

• 在通过市场竞争推动市场结构和自由度主张重构的过程中，政府如何减少竞争性权利缺失主体的形成。

• 政府如何通过推动边缘市场自由度主张层级重构以推动市场形成多层级的新自由度主张技术支点，以便为进一步推动开发提供接口。

• 技术的引入是如何带来市场结构改变的。

针对自然状态的制度性权利缺失，虽然现有研究提出改变交易成本有助于现有特权产业链中的偏远边缘市场权利缺失主体，然而仍面临以下问题：

• 在交易成本过高的情况下，政府和企业该如何合作以调控交易成本以推动偏远边缘市场的自由度升级。

• 对交易成本的调控以及政府对自由度的供给调控如何推动市场竞争带动偏远边缘市场权利缺失主体持续聚合、升级和融入，推动多层级自由度主张技术支点核心的形成。

• 在溢出性市场主体以及偏远边缘市场主体同现有主流市场的自由度层级存在自由度层级差距的情况下，政府如何进行规划性调控以推动市场竞争带动市场自由度层级提升，从而形成多层级的新自由度主张技术支点核心以衔接自由度断层并推动新自由度主张市场结构的形成。

• 如何通过中心和边缘市场的双向调控推动整体市场包容性的提升（如通过中心市场调控溢出以推动边缘市场权利缺失主体的引入，并带来市场结构改变），边缘市场结构调控又如何影响中心和整体市场的结构及新自由度主张市场结构的形成。

1.3 小结

本研究认为，研究包容性市场需要将相应的分析情境定义在存在竞争性自由度溢出性升级循环的多中心层级化市场下，并认为权利的缺失来源于不同网络层级自由度的竞争以及固有的制度约束，这使得市场会由于竞争性溢出而出现竞争性权利缺失或由于制度性区隔而形成制度性权利缺失。在这样的情况下，更多的市场主体获得定制化的制度特权资源要素或者融入特权产业链被认为是市场包容性的重要体现，通过制度特权资源要素的供给将能够有效推动企业向更高层级自由度空间发展。现有研究提出，通过市场竞争以推动新自由度主张市场结构的形成是促进市场包容性发展的重要手段，但并未解释如何通过竞争和政府的自由度供给以及调控推动新自由度主张市场结构的形成，从而实现多元化自由度主张市场结构的形成。

因此，本研究将分析在溢出性升级循环的环境下政府如何在中心和边缘市场的双边调控（包括交易成本和自由供给）下推动市场竞争以改变边缘和中心市场的市场结构，推动市场形成多层级和多类型的新自由度主张市场结构，并为进一步推动市场开放、提升各类市场主体的权利获得能力而提供多层级自由度主张技术支点和市场接口。

第二章 市场竞争、支点与多中心层级化制度特权自由市场的形成和调控

2.1 引言

市场是如何通过竞争提升包容性的？在多中心层级化市场中 (Batjargal et al., 2013; Podolny, 1993; Washington & Zajac, 2005; Magee & Galinsky, 2008)，市场的包容性表现为权利缺失主体能够有效融入特权依附主体的产业链中或获得特权自由度交涉的权利。不同类型的市场主体由于嵌入不同的网络中心层级，会拥有不同的自由度层级并产生获得更高自由度层级的需求。各类主体为获得更高的自由度会出现持续的市场竞争，带来市场自由度的升级以及通过竞争获得同特权要素供给者进行自由度交涉的权利并获得定制化自由度的接口，推动市场自由度的进一步升级。因此，定制化自由度的获得被认为是特权的表现。市场自由度持续升级将导致某些主体自由度过低而无法有效融入市场系统，从而使得这部分市场主体的市场竞争性权利缺失。在这样的背景下，竞争带来自由度升级，导致自由度形成结构同市场系统自由度需求结构存在差异，进一步导致权利缺失的形成。为推动权利缺失主体融入市场系统中的自由度形成结构符合市场的需求，本研究认为，技术自由度的竞争通过改变市场自由度结构能够有效推动权利缺失主体融入特权依附主体产业链中或获得特权自由度交涉权利的接口。

已有的关于制度构建的研究分析了在主体自由度形成结构同现有市场结构存在冲突的情况下，如何通过中介平台的构建，推动市场结构带来主体自由度和权利改变以形成新的市场接口。梅尔、马蒂和文特雷斯卡 (2012) 关于发展中国家的研究指出，发展中国家的制度系统存在多中心性，这种多中心性使得对于定义主体权利和自由度存在差异，这就会形成

由独特的制度冲突带来的权利缺失。在这样的情况下，通过中介平台的构建重新设计市场架构并合法化对应系统中的主体，有利于推动主体在市场系统中权利和自由度的改变，推动主体融入市场系统中。其他的研究则从信任关系形成的角度解释了在市场制度较弱或者缺乏的情况下，市场主体如何通过非正式的网络资源构建并形成新的资源渠道接口从而获得融入市场的资质（如 Puffer，McCarthy & Boisot，2009）。格林伍德和苏达比（Greenwood & Suddaby，2006）提出，成熟市场结构网络边界的延展和错位衍生有利于推动主体形成新的制度逻辑和网络结构，以推动新制度接口的形成（Maguire，Hardy & Lawrence，2004）。

不同于以往基于市场的纯粹的制度构建以改变市场交易成本而推动新市场结构的形成（Fligstein，2001；Greif，2006；North，1990；Mair，Martí & Ventresca，2012），本研究重点关注在多中心层级化市场中如何通过多层级化技术引入形成新的价值载体、推动主体站位（positioning）、自由度供给和需求调控，带来各类主体自由度交涉空间的改变以及竞争性溢出形成新自由度主张群体和网络支点，从而带来市场结构的改变并推动新的特权市场接口的形成（Abrahamson，1991，1996）。为解释制度设计主体调控的实现过程，本研究利用非效率产品的强化采纳过程机制模型（Abrahamson，1991，1996）和自由度的层级分类机制建立了高自由度技术产品在多层级市场强化推广的过程模型。同时，基于生态系统的技术代差控制获利模型（Datt'ee，Alexy & Autio，2018）以及在高层级自由度资源有限的环境下自由度的竞争性溢出调控过程（Abrahamson，1991，1996；Swaminathan，2001），构建了多中心市场自由度升级的市场内和市场间循环模式。

多中心市场自由度升级的市场内循环和市场间循环模式以及高自由度技术产品在多层级市场强化推广的过程模型，解释了层级化的技术引入或支点核心的引入所带来的市场竞争如何推动市场群体形成新自由度主张并溢出进入新兴支点核心网络（或平行支点核心），并最终形成新市场结构和接口（Abrahamson，1991，1996；Gurses & Ozcan，2015）。

本研究认为，市场是具有多中心层级化特征的，不同市场层级的市场主体由于嵌入不同的网络中，从而拥有不同程度的市场自由度（Cardinale，2018），这使得各类市场主体有意愿不断去获得更多的自由度，通过自由度的获得以不断提升自身在网络中的位置，而这就会推动各类自由度的市场主体向具有更高自由度形成能力的领域流动和集聚（Gimeno，Hoskisson，

Beal & Wan，2005；Magee & Galinsky，2008）。为理解竞争形成的自由度的竞争性溢出是如何推动新的网络支点形成的，本研究分析了在多中心层级化市场下，多层级技术引入带来的竞争如何推动具有更高自由度需求的市场主体在不同部门间循环流动并推动不同类型市场自由度的持续升级（Datt'ee，Alexy & Autio，2018），带来市场系统自由度的竞争性溢出，并推动具有更高自由度价值主张的主体向平行支点核心网络集聚（Gimeno，Hoskisson，Beal & Wan，2005），从而推动市场结构改变，带来新的市场接口。为解释新的网络支点推动市场结构改变是如何约束特权依附主体的市场自由度，推动权利缺失主体融入特权依附产业链或获得特权自由度交涉权利的，本研究基于资源约束环境下自由度的竞争性溢出过程解释了自由度调控的实现机制。这一研究重点关注多层级技术核心引入、自由度供给调控过程是如何推动新的网络支点形成，并推动市场特权自由度交涉权利接口形成的（桑瑜，2018）。在这个过程中，本研究重点分析了技术竞争以及自由度供给和需求引导是如何通过推动各类主体自由度交涉空间的改变，带来自由度竞争性溢出，而自由度竞争性溢出又是如何推动新的支点形成以及市场结构改变，并带来特权自由度交涉权利的。

2.2　理论背景

2.2.1　自由度与多中心层级化市场系统

关于网络嵌入理论的研究指出，交易的深入推动了市场网络化层级结构的形成，将导致个体具有独特的位置以及习惯，而位置和习惯将约束个体对交易对象的选择。个体在市场网络中的结构位置将决定它对交易对象的选择以及自身的行为，以符合其所在位置的需求（Cardinale，2018）。这样的位置和习惯将约束个体的自由度，并且不同的网络嵌入主体会为了获得更高的自由度而不断竞争。通常，自由度层级越高，市场的价格和成本也越高（Podolny，1993；Benjamin & Podolny，1999）。不同于基于效率的市场结构，基于自由度的市场结构本身具有自强化的能力（Magee & Galinsky，2008），表现为外部预期和实践效果的高度统一（Gondo & Amis，2013）。这表现为自由度越高的市场主体会强化自身进入不同市场的能力并提升自身自由度的形成能力，这又会推动嵌入网络中的主体对自由度需求的竞争。同时，更高的自由度将增强主体对外部自由度资源的集聚和获取能力，从而形成自由度和市场层级的自强化效果，达到外部预期和实践的高度统一（Gondo & Amis，2013）。

不同的网络层级将约束嵌入网络中市场主体的自由度以及习惯。现有的研究同时还指出，市场是多中心性的（Batjargal et al.，2013）。

市场的多中心性表现为在相同社会层级的环境下也会存在多种类型市场状态的市场设计者以定义主体在市场中的层级。巴特扎尔格勒等（2013）认为，市场具有不同类型的制度设计主体以定义市场主体的行为。梅尔、马蒂和文特雷斯卡（2012）则提出市场上定义主体自由度和产权的方式至少包括政治、文化以及社区维度。市场的层级状态表现为不同的市场层级具有不同的自由度，高层级的市场状态意味着这一市场主体对相关低层级的合作伙伴拥有更高的市场控制力（Gould，2003）。市场状态层级决定了企业的成本结构（Podolny，1993）、市场机会（Jensen，2008）以及对资源的获取（Stuart，Hoang & Hybels，1999）。因此，从市场控制力的角度来讲，一个市场主体本身的市场状态层级将决定这个市场主体在市场中的自由度，而从自由度的角度来看，市场层级越高的主体，其自由度交涉空间越高。

在多中心层级化市场中（Batjargal et al.，2013；Washington & Zajac，2005），网络位置决定个体行为的方式主要表现为通过网络独特的交易规范降低网络中有限选择带来的自由度交涉空间的约束，网络中的各类群体将不断通过技术和网络的延展去争取更高的自由度交涉空间和权利，从而形成主体间的市场状态层级的竞争。各类市场主体将由于其所在的网络位置而约束其自由度的选择空间，推动这些市场主体不断提升自身的自由度交涉空间以及对自由度交涉权利的获取。在这里，自由度交涉空间表现为依据主体资源和能力的稀缺程度而获得的不同于同层级竞争对手的资质渠道和利益空间。

在多中心层级化市场中，主体主要通过正向自由度的获得（如引进新的技术）推动自身的层级提升，或者随着市场竞争性溢出低层级的市场，引入具有更高自由度的市场通道，以获得更高的自由度交涉空间和层级（Washington & Zajac，2005）。然而，由于高层级自由度资源的有限性（Swaminathan，2001），竞争将导致某些群体被淘汰出市场（Sarason & Dean，2019；Hampel，Tracey & Weber，2019），形成竞争性权利缺失的竞争悖论。

2.2.2　市场结构调控、自由度与市场接口形成

2.2.2.1　支点核心、市场结构调控与市场接口

传统的研究认为，技术创新推动市场引入新兴技术从而带动市场结构改变。在技术推动市场升级的过程中，技术引入类型包括效率型的引入、流行性型的引入、部门模仿型的引入以及强迫选择型的引入。在传统的市场结构升级研究中，亚伯拉罕森（Abrahamson，1991，1996）解释了效率型和流行性型的技术引入是如何相互推动并带来市场中主体采纳行为改变的。亚伯拉罕森（1991，1996）认为，在技术引入的初期，市场的设计主体在观测到某一产品的流行趋势后，需要不断向市场兜售新的市场理念以利于新产品的被接受。随着对应的新产品带来新理念的植入，更多的市场主体会注意到相关产品，并发觉相关理念的引入会产生潜在的正向效果，如具有更高的效率（Collins & Hoyt，1972；Krause，Wu，Bruton & Carter，2019）。这就会推动相关产品不断被更多市场主体接受，从而为新产品带来更为广泛的市场需求。这样市场中技术的采纳主要通过效率和流行（或者口碑）在文化和市场等领域的相互强化实现。这一循环过程的持续将推动市场结构的不断改变，并带来市场内部分工的改变（桑瑜，2018）。进一步，旧文化的消失和新文化的形成将带来市场接口的形成（Hiatt，Sine & Tolbert，2009）。

相比于流行性型和效率型认知互动的观点，亚伯拉罕森（1991，1996）认为，在新技术引入的过程中还需要考虑其他的可能，如强迫选择型的引入。亚伯拉罕森（1996）以及辛梅尔（Simmel，1957）指出，流行性型产品被采纳更多的是用以体现高市场层级和低市场层级主体的差别。这样在层级化的市场中，当底层市场群体采纳了旧的产品时，具有更高市场层级和名誉的市场主体为了维持自身的层级并显示有别于旧的市场层级更可能采纳新的产品。如在获得高度趋同认知的情况下，自身的市场状态层级由于无法同现有的低层级群体形成差别认知，这使得高层级的市场群体会为了表示同低层级的主体存在差异而被迫采纳新的流行性型产品（Abrahamson，1996；Abrahamson & Fombrun，1994）。相应市场下调控的核心在于不断地推动新自由度主张以及目标在市场上形成。达特尼、亚历克斯和奥蒂奥（Datt'ee，Alexy & Autio，2018）则指出，市场主体具有价值捕获能力的生态系统的构建和升级过程需要通过共振循环反馈机制实现（谢洪明等，2019）。这一过程的核心在于形成组织内外资源投入

的正强化过程，理解现有技术在市场上的优势，并通过合理的调控（如引入新的配套资源和技术）推动正强化系统的升级，带动自身生态系统竞争优势的形成。这一价值捕获系统调控的核心在于控制技术代差。谢洪明等（2019）提出，通过持续并购进行资源编排以实现价值的获取。而要实现有价值捕获能力的市场系统的构建，关键是要在新的市场系统下形成新的支点核心，通过支点核心不断集聚各类资源以改变市场结构（Fombrun & Zajac，1997；Pouder & John，1996；Spisak，O'brien，Nicholson & Vugt，2015）。在新的支点核心具有更高创新能力的情况下，随着市场资源的集聚，更多的主体之间的创新和模仿会带来同其他集群间资源结构的相似性，推动各类资源在其他集群的持续溢出，改变整个市场结构（Zhang，Li & Li，2014）。同时，提升市场结构的相似性，市场成本结构也会持续上升，带来集群由于创新能力下降形成热点竞争优势的消失。而市场模仿会加速推动各类市场主体对外部威胁的认知或者对潜在模仿利益的认知，从而进一步模仿主体的行为（Gimeno，Hoskisson，Beal & Wan，2005；李维安等，2019）。这意味着，对具有更高创新能力的结构核心的模仿会推动新产品市场整体资源稀缺性的下降，带来产业由于创新能力下降而导致集聚资源优势的消失（Pouder & John，1996；Spisak，O'brien，Nicholson & Vugt，2015），从而推动新市场结构和接口的形成（Hiatt，Sine & Tolbert，2009）。传统研究将新市场结构的接口定义为市场可以通过新的方法或者运营方式带来新资源、新材料或者新服务进入市场运营体系中，并创造出多于投入资源价值的机会（Eckhardt & Shane，2003；Shane & Venkataraman，2000）。在自由度层级视角下的包容性市场中，市场机会接口被定义为通过引入新方法、新资源或者新渠道形成新自由度主张，以形成新自由度主张产业链的接口并获得更高的自由度交涉空间以及自由度的交涉权利。

现有的研究分析了市场效率竞争推动效率性技术的采纳带来市场结构改变，而本研究强调在多中心层级化市场下分析了制度设计主体调控多层级技术支点核心的引入、自由度的供给和需求推动新自由度主张的形成和升级竞争，带来不同层级和部门自由度的溢出，以解释市场结构的改变过程（Abrahamson，1991，1996；Gurses & Ozcan，2015）。在低层级技术支点核心引入推动中低层级自由度资源持续增多的情况下，更多高自由度价值主张群体的形成并溢出进入高自由度支点核心（或平行支点核心）中，形成新的支点网络推动新市场结构和接口的形成（Abrahamson &

Fombrun，1994；Abrahamson，1996；Gimeno，Hoskisson，Beal & Wan，2005）。基于产品的循环引入机制、生态系统竞争优势的共振循环反馈过程对于市场结构形成的模型，通过分析主体自由度交涉空间的改变，合理地规划层级化技术引入，推动市场自由度竞争性溢出，带动新的支点核心随自由度升级进入不同市场和部门（Hampel，Tracey & Weber，2019；Sarason & Dean，2019），能推动平行支点核心随自由度溢出不断集聚各类具有相似自由度主张的新兴和边缘部门或市场群体进入自身的网络系统（Abrahamson，1991；Gimeno，Hoskisson，Beal & Wan，2005）。即自由度的竞争性溢出和支点核心的引流改变了市场结构，推动了市场状态的竞争性权利缺失的解决以及市场中新产业链接口的形成。

2.2.2.2 多中心层级化市场下的自由度调控

（1）自由度供给。

自由度供给指为推动新市场结构和市场接口的形成，通过引入新的自由度来源或在自由度资源有限的情况下将自由度分配给具有更高自由度形成能力的主体以获得更高的自由度，包括控制主流市场自由度的供给，增加新兴市场主体自由度的供给，从而推动具有更高自由度形成能力的新兴市场的形成。斯瓦米纳坦（Swaminathan，2001）的研究指出，在资源有限的情况下，市场中集聚度的提升导致资源分配的改变会提升专业程度高的市场主体的存活率，改变市场系统的内部结构。赖特和赞穆托（Wright & Zammuto，2013）的研究提出，社会需求的改变将带来企业主体资源引流的压力，为引入社会需求，社团将不得不改变自身的制度逻辑，推动社团运作逻辑同社会逻辑的统一。而竞争的深化会推动社团内部资源引流的精英化，这导致边缘社团无法引入社会资源。带来边缘群体资源压力和参与的激励下降，从而推动社团运作逻辑的再次改变，并推动新市场结构的形成。

约束新创企业进入市场的资质也能决定企业的生存状态。古尔塞斯和奥兹坎（2015）的研究解释了付费电视领域的制度设计主体以及创业者如何通过政治行为来改变市场的进入资质而获得对应市场发展权利的。类似地，通过自由度的供给和约束以平衡社会资源的分配，一方面能够推动专业化（Swaminathan，2001），另一方面能够推动市场系统的可持续性以及新兴和边缘部门或市场群体的融入（Wright & Zammuto，2013）。

（2）自由度引导。

自由度引导指通过环境、法规的制定或者媒体宣传等推动社会系统形成具有更高自由度的新兴主体，并为市场形成新的市场结构和市场接口。

亚伯拉罕森（1991，1996）提出了基于底层产品供给增多以推动市场高层级产品采纳的逻辑，认为在底层产品稀缺程度下降导致各层级主体状态层级无法区分的情况下，高市场状态层级的群体会采纳具有更高状态层级的产品以示自身的独特性。亚伯拉罕森（1991，1996）同时指出，在新产品具有不同价值主张并在权力部门主推的情况下，即使相应的产品在当时是无效率的，但新产品的引入如果能够满足市场支撑主体的新价值观需求，市场中的主体也会由于其他市场主体持续的引入带来自身资源的引流，形成对新产品的采纳，从而提升新兴产品领域的市场支撑度，推动新市场结构的形成。而采纳的低层级主体的增多，会带来领域内资源分配的约束，带动具有高自由度需求的主体进一步采纳更高自由度的技术（Swaminathan，2001），而这将推动新自由度主张的内化。

古尔塞斯和奥兹坎（2015）的研究表明，通过合理的形象设定（如作为现有市场主导者的互补者）进入边缘市场并利用这一正面的形象游说引导市场可以获得合法性和资质。同时，通过长期的宣传并赋予事物新的故事内涵有助于新价值理念形成新的文化（Lounsbur & Glynn，2001）。卡伊尔和瓦德瓦尼（Khaire & Wadhwani，2010）研究了印度艺术品文化价值形成的过程，认为通过形成新的分类并宣传其起源、历史、发展和内化的过程，有助于新艺术文化价值理念的形成。

类似地，权力部门对新自由度价值主张产品的强迫选择型的引入，会改变市场系统自由度以及资源的分配机制，进而将推动新的自由度市场的形成，通过合理的正面宣传能推动社会对形成新自由度价值主张需求的认同（Gurses & Ozcan，2015）。通过持续的宣传、内化和制度化的宣传，有利于形成新的市场文化，在整体资源有限、低层级群体持续增多约束资源和自由度分配的情况下将推动市场更高自由度需求的形成。具有更高自由度的产品能够带来更高自由度层级市场主体的社会实践，将不断强化市场形成更高自由度主张的需求（Gondo & Amis，2013）。新需求将替代社会现有的需求，并形成新市场结构和接口（Hiatt，Sine & Tolbert，2009），同时将内化低自由度的主张，共同形成新的市场文化。

2.2.2.3 多中心市场自由度调控、自由度交涉空间、竞争性溢出与站位

（1）自由度交涉空间与站位。

在多中心层级化市场下，不同的主体由于嵌入在不同的网络层级中，将形成不同层级的网络自由度（Cardinale，2018）。不同的技术和产品具有独特的利基宽度，随着市场中同类型种群数量的增加，首先将带来利基

市场的增长，同类型种群群体数量增加会带来资源的约束，其次将带来利基市场的压缩（Hannan & Freeman，1977，1989；Pouder & John，1996）。而这意味着同类型种群数量的增加首先会挤压资源约束较高领域主体的利基市场宽度，带来对应层级市场主体进入对应市场资质和渠道价值的下降以及在相应层级自由度的压缩，推动市场对引入更高自由度的需求（Abrahamson，1991，1996）。在主体拥有有限自由度层级的情况下，市场结构的改变将压缩某些低自由度主体的自由度交涉空间，改变主体进入不同层级市场的能力。

现有的研究提出，要推动市场主体实现状态层级提升需要不断积累正向的关系渠道或自由度，并不断减少负向的关系渠道或自由度（Washington & Zajac，2005），而关键在于推动主体获得更高的自由度交涉空间。如考恩（Cowen，2012）的研究显示，同具有更高市场状态层级的市场主体合作有助于低自由度的市场主体获得正向的自由度。汉佩尔、特雷西和韦伯（Hampel，Tracey & Weber，2019）提出，主体迫于市场压力需要进入更高市场状态层级的市场以提升自身的自由度交涉空间，在这种情况下，会同配套供给主体形成协同冲突。持续的协调能够推动部分主体合作参与推进新市场的开发，而某些市场主体将由于无法有效融入新的市场而被淘汰出对应的产业链。无论哪种情况，这都将推动新市场结构和接口的形成（Hiatt，Sine & Tolbert，2009），并推动新产业配套的引入。由于部门和市场间自由度类型和层级差异的存在，市场通过自由度的规划和匹配，在对应市场下选择合适的自由度支点核心的站位能推动低自由度资源流向低层级市场并形成新市场结构和接口。

站位表示在市场配套资源供给有限的情况下，依据市场自由度形成的需求范式，为流入市场的主体提供互补性的资质和渠道以实现站位者和流入方自由度交涉空间和层级的提升。如要进入新兴和边缘部门或市场必须获得必要的资质和技术支撑，各类主体在自身研发能力有限的情况下将不断通过引入站位者以获得新市场的进入资质，从而提升双方在新市场内的层级。这意味着某些负向的自由度通过合理的规划在进入低层级市场后也能为市场形成更高的自由度交涉空间，从而成为正向的自由度。因此，自由度的价值关键在于，是不是能够为主体或者市场带来更高的自由度交涉空间。

因此，在多中心层级化市场中主体可以通过持续引入市场中溢出的技术通道的方式以获得正向自由度，提升自身的自由度交涉空间。然而，在市场主体自由度层级过低的情况下，新技术通道或支点核心的下沉将导致某些市场主体层级过低而无法获得新市场的接口，最终形成市场状态的竞争性权利缺失，即支点核心的引入将导致多种类型市场主体的溢出，推动中低端市场的模仿，带来市场自由度稀缺程度的下降，压缩各类市场主体的自由度交涉空间。主体在自身市场层级无法同低层级群体有效区分的情况下，为获得更多的自由度和资源分配，带来具有高自由度以及高层级自由度需求的群体采纳新兴技术，并进入高层级的市场，以提升自身的自由度交涉空间，推动市场自由度升级。同时，新支点核心的引入将带来中低层级自由度稀缺程度的下降，带动市场自由度升级，带来低自由度部门资源引流的压力并导致部门被挤压而形成溢出。低自由度部门内自由度较高的溢出群体将获得新部门的接口，而某些低自由度的群体将由于自由度过低形成权利缺失。

因此，在支点核心引入的过程中，可以通过考虑三个层面的溢出引入来实现新市场结构和接口的形成，即新兴高自由度需求群体的溢出、低自由度群体的溢出以及权利缺失主体的溢出。因此，有必要在调控的过程中通过规划多层级的平行支点核心站位以实现溢出的引入和新市场结构的形成。

（2）自由度交涉空间与竞争性溢出。

自由度竞争性溢出表现为中低层级自由度的持续增多导致高层级自由度资源供给约束以及主体自由度交涉空间的压缩（Zhang，Li & Li，2014），在其他部门和市场具有更高自由度形成能力的情况下，通过合理的引导手段推动各层级自由度生产和需求群体溢出进入具有更高自由度形成能力的市场网络中以获得更高的自由度交涉空间（Abrahamson，1991，1996）。在这里，溢出的自由度群体既包括高自由度的群体，也包括低自由度的群体，高自由度群体将溢出进入新兴高自由度市场，低自由度群体以及权利缺失主体将溢出进入边缘市场（Williamson，Wu & Yin，2019）。在多中心市场中，自由度溢出推动市场结构改变主要通过自由度升级部门内循环、产业部门支点核心引导性下沉、低层级部门自由度升级内循环、自由度市场间循环等来实现。多中心市场主要指市场中存在多个特权中心及依附主体。

自由度升级部门内循环主要指支点核心及配套引入带来部门内自由度竞争性溢出以及低层级自由度资源稀缺性的持续下降，竞争加剧所带来的自由度引入能力的下降将推动资源配套向高层级自由度形成领域投入，并进一步推动新技术引入从而带来市场自由度升级，推动市场自由度和消费群体的竞争性溢出（Zhang，Li & Li，2014），并首先推动高自由度的市场主体进入具有更高自由度的领域，从而推动新兴支点核心网络的形成。

各类市场主体在部门中持续进入，会带来市场低层级自由度的提升，不断提升高层级自由度资源竞争的激烈程度，并压缩低层级特权依附主体的自由度空间，推动这些群体解体和溢出，并为市场形成新中心进入的自由度渠道资源（Sarason & Dean，2019）。低自由度层级的特权依附主体溢出进入市场为新兴市场群体提供了进入对应部门的资质渠道，这会通过模仿和新渠道资源引入的方式不断降低市场中低层级自由度资源的稀缺程度（Gimeno，Hoskisson，Beal & Wan，2005）。稀缺程度的下降将约束资源的分配和供给，并推动具有高自由度和资源需求的主体进一步引入新自由度技术或进入高自由度领域。在市场状态层级存在竞争的情况下，具有类似自由度的市场主体也将模仿或推出新自由度技术，并推动市场高层级自由度资源的增多，这就会持续提升市场整体的自由度，并挤压低自由度特权依附主体的自由度交涉空间以及资源分配，推动低自由度主体以及对高自由度存在需求的主体溢出引入，形成更高自由度的交涉支撑结构和群体，并进一步降低市场自由度的稀缺程度。这一市场内循环的持续将带来市场中低层级自由度资源的持续增多以及高层级自由度的不断形成。自由度持续的升级将导致某些自由度层级过低的群体随着自由度竞争的升级而形成权利缺失。

在市场中，低层级自由度资源不断增多，不同中心的特权依附主体的自由度以及资源供给能力存在限制的情况下，为获得更高的自由度和市场层级，特权依附主体会把高层级的自由度资源分配给那些能够形成更高自由度的市场生产主体（Swaminathan，2001）。高自由度市场主体的增多，将不断降低低层级自由度群体的自由度空间，推动更多市场主体进行制度模仿，将资源投入部门内具有高自由度形成能力的产业中（Gimeno，Hoskisson，Beal & Wan，2005；Krause，Wu，Bruton & Carter，2019；李维安等，2019）。特权依附主体自由度的约束和更多高层级自由度消费群体的形成将推动部门内更高自由度的技术引入，并通过改变自由度供给带来低自由度的生产和消费群体持续溢出进入边缘市场支点核心的产业网络中。特权主体在市场自由度持续升级而导致自身自由度交涉空间不断被压缩的情况下，会通过在部门内引入新的资本投资方式带来市场自由度的提升（Fombrun & Zajac，1987）。部门的重建如通过政府投资的引入会形成大量新的具有更高自由度的群体，并推动产业结构的改变以及部门中对高自由度生产群体的需求，形成高自由度市场群体的溢出（赵勇，魏后凯，2015）。自由度等级升级、特权解除、自由度资源稀缺程度下降以及多类型群体的竞争性溢出市场内循环将带来中低端市场的自由度饱和（Pouder ＆ ST. John，1996；Gimeno，Hoskisson，Beal ＆ Wan，2005），推动市场内新兴产业网络的形成，抬升市场自由度层级。部分自由度形成能力过低的市场主体将由于部门内自由度持续升级导致自由度结构同部门内的自由度需求结构存在差异，进而导致市场状态竞争性权利缺失的形成（Cobb，2016；Hampel，Tracey ＆ Weber，2019）。

产业部门支点核心引导性下沉主要指在合理规划的情况下，部门内某些产业模块或者核心支点（Abrahamson，1991，1996；Sarason ＆ Dean，2019）随着市场整体自由度的升级通过站位进入低层级自由度部门中，成为低自由度市场的支点核心并获得合法性和配套支撑（Dobrev ＆ Gotsopoulos，2010）。如主体在部门自由度持续升级带来市场自由度持续压缩，导致自身状态层级同其他主体无法有效区分的情况下，为了提升自身的市场状态层级，有必要推动新的具有更高自由度的技术的引入或平行支点核心的引入（Adner ＆ Kapoor，2016），并通过在低层级部门站位推动部门内合适的支点核心下沉进入低层级部门，在引入溢出的资源的同时带动低层级部门内自由度层级升级（Gurses ＆ Ozcan，2015）。中心部门的主体在这个过程中可以通过配套下沉或自由度输送的方式为进入低自由度部门的主体提供更高层级的自由度（Brown ＆ Eisenhardt，1997），提升下沉支点核心在低层级市场中对中心主体的依赖度（Adner ＆ Kapoor，2010；Datt'ee，Alexy ＆ Autio，2018）。由于下沉进入低层级市场的主体在低层级市场具有更高的自由度等级，从而将通过下沉主体的技术溢出和主体间模仿推动低层级市场自由度的升级循环，并随着市场的自由度升级不断集聚市场中溢出的各类市场主体（包括具有更高自由度需求的主体以及权利缺失的主体），或依赖高层级市场自由度的输送形成新的网络支点（Fombrun ＆ Zajac，1987；Adner ＆ Kapoor，2010），推动产业链层级提升。在合理规划的情况下，通过控制支点核心的转移和引入能够保持市场间产业层级的差距，能推动市场状态竞争性权利缺失问题的解决。支点核心的转移将导致原有市场中某些群体无法进入新市场从而形成权利缺失；同时，支点核心的转移带来自由度升级，使新市场中的主体形成权利缺失。

低层级部门自由度升级内循环和部门内循环具有相似性，指随着新兴产业持续进入低自由度部门，渠道下沉将提升部门的自由度等级，政府投资、高层级部门自由度的输送会形成大量消费、生产群体自由度的提升和竞争性溢出（Cobb，2016），带来市场内中低端市场的饱和以及新兴市场网络和接口的形成（Hiatt，Sine & Tolbert，2009），而低自由度的市场主体将随着支点核心的转移形成权利缺失。

自由度市场间循环指支点核心下沉推动了低层级部门自由度的升级，同时使具有高层级自由度的市场主体回流集聚进入高层级部门（Barney，1991；Pouder & John，1996；Steensma et al.，2005），并将进一步提升高层级市场部门整体的自由度，推动更多自由度溢出进入平行支点核心网络中。同时，新兴产业部门在高层级市场的发展将推动高层级自由度生产资源及其配套（如教育、咨询以及游说组织）的形成。这就会不断推动更多低层级部门的群体持续进入和集聚到高端部门并提升新兴支点核心的自由度层级，从而带来市场的产业结构向具有更高自由度的领域衍生。低层级部门中的高层级自由度市场主体的回流将加速提升部门的自由度，并更快推动低层级技术自由度的特权依附主体的解体，带来中低端市场的饱和，挤压低自由度市场主体的自由度交涉空间，从而推动高技术自由度产品配套的进一步引入，并通过市场内循环持续提升部门自由度，带动产业链升级性下沉（Abrahamson，1996；Datt'ee，Alexy & Autio，2018）。

新兴支点核心的竞争引入必然导致各类市场主体的竞争性溢出。新兴市场和边缘市场站位引入平行支点核心，将有利于减轻自由度权利缺失的形成（Williamson，Wu & Yin，2019）。分析新兴和边缘部门或市场站位引入溢出资源以理解市场的引入溢出的过程是如何推动市场结构改变的，有助于我们理解如何通过规划、调控以及市场竞争来推动新市场结构和接口形成。

2.2.2.4　多层级支点核心站位、自由度调控、层级衍生与新市场结构

（1）能力自由度与制度自由度。

现有的研究定义了两种类型的自由度，第一种是基于主体能力形成的，即表现为在开放的市场利用自身的技术形成对不同层级和部门的市场进入以通过提升不同类群体利益而形成的利益获取权利渠道。第二种是为推动区域内独特要素产业链形成以及使市场主体采纳独特运作规则而出现的制度自由度或者为各类市场主体设定的独特的目标和价值观（Abrahamson，1991）。例如，由于市场要生产某些基础性的生产资料以满足市场的基本

运作需求，在缺乏相关产业生产主体和生产设施的情况下，为构建起这一独特的生产网络，市场设计者为进入这类独特的生产网络的主体构建起独特的制度规范约束、资质目标。产业链中的主体只有满足不同市场中心所要求的目标和资质，才能拥有通过独特的交易结构与规范同不同层级和部门进行交易的权利。长期的制度化的运作能为市场带来独特的制度文化，即通过合理规划市场的目标和价值观以约束和调控市场主体的行为或自由度从而形成相似的价值观（Abrahamson，1991；Abrahamson & Fombrun，1994）。

这里的制度自由度主要指满足独特的资源、资质和规范的要求，或者特定的市场自由度主张和目标，从而为主体带来特定的身份，使得主体获得进入特定网络和渠道同对应部门进行利益交换的权利渠道。如获得生产运输许可证的主体可以提供普通产品运输服务，而获得特种设备运输许可证的主体不仅能提供普通产品运输服务，还能提供特种设备的运输服务。

从现实的税务结构设计来看，能力越强的企业，越能为市场提供更为稀缺的产品，在市场中的税率也会越低。在一个竞争性的市场中，基于税务优势形成的产业链的合作伙伴选择也就具有更高的延展空间（范子英，彭飞，2017；陈钊，王旸，2016）。在能够为不同的税务主体提供更高价值的情况下，有更高自由度的企业将获得进入具有更多层次和部门的市场系统渠道，从而为客户企业带来更高的自由度。在这里，合作伙伴选择的延展空间带来的自由度既包括对横向的同层级的产业链配套（相同产品类型的配套企业）的选择空间以及由此而获得的通过网络渠道进行利益交换的权利，也包括通过纵向的交易结构设计（不同类型的产品价格结构）获得的对不同层级网络渠道选择的权利。交易结构设计带来的自由度主要体现为利用交易价格设计带来的产业链长度，并由此而延展出对于不同网络渠道的进入所获取的利益。因此，理论上，技术能力越强，通过税务优势产业链延展去选择不同类型的网络和渠道以满足不同类型的利益群体的利益的能力就越强（杨高举，黄先海，2013）。

主体（拥有制度自由度的企业）依靠独特资源、资质形成的身份，使得这些企业相比不具有对应身份的企业具有更高的自由度，这就会导致依附这些主体而形成的独特利益产业链逐渐出现。在这样的背景下，技术能力越强和制度自由度等级越高的企业，通过技术和生态网络以满足独特的市场交易规范的能力就越强，其在市场上的自由度也就越高，拥有的自由度交涉空间就越高。

在自由度被划分为制度自由度和能力自由度之外，华盛顿和扎哈克（Washington & Zajac，2005）的研究提出市场状态层级的来源和进化主要依靠继承现有的关系以及不断积累新的正向关系渠道和不断减少负向关系渠道来实现，而层级的进化将改变主体在网络中的层级自由度。在这样的情况下，自由度的改变主要通过继承和积累或者创造出不同层级的网络渠道的方式实现。按照华盛顿和扎哈克（2005）市场状态层级的形成机制，将自由度来源划分为继承性的来源以及创造性的来源，继承性的来源更多表现为制度化运作推动渠道兼并、联合或者投资引进而获得的独特资质（Brown & Eisenhardt，1997；Cowen，2012；Puranam，Singh & Zollo，2006），创造性的来源则体现为创造出独特的技术资源后衍生出来的新兴结构资质。

基于自由度的类型和来源可将自由度的衍生过程（层级分类）划分为以下四种：技术自由度、市场自由度、法规自由度以及文化自由度，具体见表 2-1，其中文化自由度和市场自由度属于继承性的来源，法规自由度和技术自由度属于创造性的来源。

表 2-1　自由度的层级分类

创造性的来源	继承性的来源
技术自由度	市场自由度
法规自由度	文化自由度

（2）多层级支点核心站位、自由度层级衍生、自由度断层与新市场结构形成。

自由度断层指持续的市场升级形成了更多新的合法化的自由度主张，某些市场主体由于能力（如边缘市场低自由度形成能力）、资质领域（自由度主张同社会需求方向存在差异）约束不能获得新自由度主张的合法性资质从而形成新市场进入的资质约束。自由度断层将推动市场主体向站位主体寻求合作以获得进入新兴市场的渠道。由于某些主体无法获得市场进入资质，随着市场自由度的升级，将有更多中心市场层级自由度断层的出现，并进一步压缩主体的自由度交涉空间，从而推动低自由度主体下沉进入能形成更高自由度交涉空间的市场。

基于溢出性的自由度引入机制，本研究将技术自由度定义为站位的支点核心能够依据新的生产原理生产出具有更高自由度交涉空间的产品，从而在对应市场拥有更高的网络衔接能力，使得主体能随着新兴群体技术配

套通道的引入建立对不同市场空间内新兴消费群体的引入能力（Gurses &
Ozcan，2015）。

市场自由度主要指支点核心由于具有较高的技术自由度，使得其能够
依靠引入层级部门市场群体的溢出资质通道持续将产品引入现有层级部门
和市场渠道，从而获得的进入低自由度新兴和边缘部门或市场的机会。如
随着支点核心的引入、区域间交通设施的建设以及城市化的推进，市场中
各类消费群体自由度的持续升级，带动了消费市场的扩大，也推动了生产
技术效率的提升，更多的标准件以及市场配套的出现降低了技术市场自由
度获得的成本，从而将持续挤压低自由度部门的自由度交涉空间，带来部
门内产业网络的解体和溢出。某些生产主体将有机会随着消费市场自由度
的持续升级引入溢出的渠道和资质资源，并通过这些资源的对接获得进入
对应部门的资质渠道。企业自由度的升级将推动企业间的模仿，带动中低
层级自由度资源的进一步增多，在高层级自由度资源供给约束的情况下，
将进一步挤压低自由度部门的自由度交涉空间，带来部门的解体和溢出
（Sarason & Dean，2019；Hampel，Tracey & Weber，2019），从而不断
推动具有互补性资源需求的企业获得进入不同层级部门的渠道，并持续推
动自由度的溢出及引入。标准件的形成使得更多低自由度的主体也能够进
入对应市场中。

市场设计主体通过控制主流市场配套的供给，在主流市场群体由于自
由度约束而无法持续引入升级后溢出的市场群体的情况下，平行支点核心
将由于具有更高的自由度交涉空间形成能力会随着不同部门的溢出而持续
引入部门内溢出的、具有更高自由度需求和形成能力的主体，从而提升自
身的市场自由度以及进入不同层级市场的资质渠道。某些溢出的主体将由
于自由度层级过低而产生市场状态的竞争性权利缺失。

法规自由度指进入市场需要满足的独特规则结构。法规自由度的升级
主要指在市场自由度升级导致中低层级自由度稀缺程度下降、高层级自由
度资源供给有限并存在竞争的情况下，具有高技术自由度支撑来源和需求
的制度设计主体在资源受到约束、市场自由度资源不断压缩的情况下推动
自身自由度形成维度的扩张（Swaminathan，2001；Wright & Zammuto，
2013）。例如，引入更高自由度需求的法规为市场内各类市场主体设定了
新的更多维度的目标和自由度主张，形成了新自由度的引入能力并由于法
规自由度升级而获得更多法规市场的进入能力。制度设计主体通过对自由
度的供给调控，如约束中低自由度部门的自由度供给，具有高自由度的市

场主体（平行支点核心）随着自由度的溢出能满足更高层级的目标和自由度主张，获得引入更多高层级产品配套以开创新市场的权利渠道，能随着市场自由度升级而持续引入溢出的高自由度的消费群体。新兴消费群体的形成将推动市场内某些企业部门引入更高自由度的技术。企业部门内自由度的升级将推动更多资源配套进入具有高自由度形成能力的部门，压缩低自由度部门的自由度空间（Swaminathan，2001）。新兴部门的市场将随着更多具有高自由度需求市场主体的溢出而持续发展（Williamson，Wu & Yin，2019），并为企业带来新的更高自由度的配套市场通道。在市场内/企业部门间存在自由度层级竞争的情况下，更多高层级自由度资源的引流将推动其他部门模仿高自由度部门的层级法规设计，并推动企业整体自由度形成能力的提升。企业自由度形成能力的提升将带来企业在市场上高自由度资源的持续集聚，并不断引流市场内部具有高自由度需求的消费群体。同行业类似层级的市场主体在观测到主体由于对应的层级规则带来独特的自由度集聚能力的情况下，将进一步跟随对应主体的法规设计方法，并推动高层级自由度资源在这类市场群体中不断集聚，使低层级资源的竞争压力提升并给其他市场内企业形成同构压力（Krause，Wu，Bruton & Carter，2019；Smets，Morris & Greenwood，2012）。

市场内更多企业高层级自由度形成能力制度的形成将推动企业自由度的升级进而提升市场的自由度，挤压低自由度市场主体的市场空间以及资源的引流能力，推动这些主体进入低层级自由度部门中。部分进入低层级自由度部门的企业为了能在对应部门获得更高的自由度，将引入高自由度部门的制度设计并进入新部门内的支点核心网络中，由此形成低自由度部门内企业间法规的模仿，并推动市场自由度的升级。随着部门内自由度的升级，内部资源供给竞争的压力将进一步提升，这将挤压低自由度部门资源的获得并推动低自由度部门溢出进入边缘市场的支点核心网络中。而部门内自由度升级和资源竞争压力的提升将使拥有高层级自由度的主体溢出进入新兴平行支点核心的网络中，降低中低层级市场的自由度交涉空间，带来市场的饱和，推动两个部门内的企业进一步升级内部法规并挤压低自由度企业的市场空间，推动低自由度主体的溢出下沉。同时，具有高自由度形成能力的主体回流进入高自由度的市场并挤压其他主体的市场空间，使企业进入更高自由度形成能力的部门并推动高层级自由度法规形成需求的持续升级（Smets，Morris & Greenwood，2012）。

在市场内，中低层级自由度资源持续增多，使市场上高层级自由度资源供给能力不断压缩，并带来部门间层级形成能力持续缩小的情况下，高自由度部门的制度设计主体在自由度及其配套形成受到约束的背景下，将推动主体资源分配方式的改变和更高自由度法规的形成（Purdy & Gray，2009；Smets，Morris & Greenwood，2012）。这将压缩低自由度市场主体的市场，并推动高自由度市场主体的扩张，更多高层级自由度资源将被持续引流并集聚进入高自由度的企业和部门内。低自由度市场主体被挤压进入低自由度部门将带来低自由度部门自由度升级的内循环，并推动低自由度部门高层级自由度法规的形成；同时，推动各类自由度资源在部门间循环溢出进入其他市场部门，使市场内和市场间的同构压力形成（Krause，Wu，Bruton & Carter，2019；Smets，Morris & Greenwood，2012；Gimeno，Hoskisson，Beal & Wan，2005）。

具有高自由度形成能力的市场主体由于更多高层级法规的引入将有机会获得更多类似于合法进入市场部门的机会。市场最终也将由于具有类似自由度形成能力的群体大量出现以及自由度形成能力的提升而推出新的能够形成更高自由度的法规。在有限自由度供给的情况下，新自由度主张的合法化将导致某些市场主体由于自身的自由度主张同现有市场法规有差异从而不能获得进入新兴市场的资质，就形成了自由度断层。

市场自由度推动法规自由度的形成主要通过形成新的自由度分类规则，推动现有市场分类自由度供给约束以及新市场分类自由度的引流（Wright & Zammuto，2013）；带来市场设计主体高端自由度资源有限性约束的持续升级；在制度设计主体间存在市场层级竞争的情况下，通过市场的同构压力和层级竞争需求，推动各类主体和制度设计主体为获得更多高层级的自由度资源而持续引入新制度（Smets，Morris & Greenwood，2012）。拥有市场自由度的主体推动新兴和边缘部门或市场的站位支点随着法规的升级而持续引入溢出的市场主体，而某些主体将由于自由度层级过低产生市场状态的竞争性缺失。

文化自由度主要指经过积累形成的对不同类型的自由度主张市场群体更强的渗透能力。

法规自由度推动文化自由度升级主要指市场自由度目标和自由度主张的改变带来高层级自由度需求的增加；在资源有限的情况下，采纳高层级自由度主张的主体将获得更高层级的自由度以及资源供给，这将推动自由度同构带来市场自由度升级和消费群体的同构及溢出；同层级市场主体同构的强化以及具有相同自由度能力主体的增加，将挤压组织和部门间资源的供给和分配；在市场状态层级存在竞争的情况下，为获得更高的自由度层级以及资源供给，制度设计主体将进一步引入高自由度的市场主体，同时推动更高自由度需求法规的出台，以提升资源的利用效率以及自由度的获取能力，进而通过持续的技术范例宣传推动更多类似于自由度价值主张配套群体的形成（Khaire & Wadhwani，2010）。

法规自由度升级将压缩中低层级市场主体的自由度交涉空间，并带动低自由度市场主体下沉进入低端部门，推动中低端部门的渠道形成和自由度的升级。高层级自由度资源的供给约束将带来中低端部门法规自由度的升级，高层级自由度的市场主体回流进入高层级自由度的部门中，推动高层级自由度资源以及新兴市场部门的形成，带来高自由度部门中低层级自由度产品稀缺程度的下降；推动市场自由度升级带来更高层级自由度法规的出台，并挤压低自由度主体进入低层级部门，推动低层级部门自由度升级，从而形成更高自由度的法规（Wright & Zammuto，2013）。法规自由度升级带来市场上各类主体对更多层级和部门的自由度主张与目标的满足能力的升级，将推动市场上更多高技术自由度产品和主体的引入。

持续的不同层级的自由度制度的内化过程将推动新自由度的形成（Khaire & Wadhwani，2010）。更多高层级自由度法规的形成将带来更多高层级自由度需求主体的进入，这些高自由度需求的市场主体通过引入高自由度的产品在市场上形成了更高的资源集聚能力，并提升了市场的自由度层级。在市场高层级自由度资源有限并存在竞争的背景下，其他的市场主体在自由度资源随其他主体自由度升级而持续转移的情况下，主体将由于进入更高自由度的网络而获得更高自由度和配套规范的满足能力（Cowen，2012）。这将强化主体对进入高自由度网络以获得更多市场配套的结构性支撑。市场宣传的深入和更多具有类似标准的配套产业网络的出现将推动更多市场主体认识到提升自由度价值主张的重要性，从而形成新自由度主张（Khaire & Wadhwani，2010；Lounsbury & Glynn，2001），并推动新自由度主张群体的形成。这将进一步促进对高自由度法规的采纳（Abrahamson & Fombrun，1994），进一步集聚高自由度的资源并压缩低自由度市场主体的空间，带来市场整体自由度的进一步升级，推动具有更高自由度主张和目标的需求群体增多。亚伯拉罕森（1991，1996）指出，在产品是强力部门主推的情况下，产品即使在可能影响主流市场效率需求的情况下也可能不断扩散，其核心原因在于，高自由度资源调控和形成能力的不断引流导致市场主体认识到引入符合法规需求的产品能够有效提升自身的市场自由度集聚能力。在带来正向自由度反馈的情况下，市场将随着市场自由度的升级持续引入更多新的具有更高自由度的市场主体。在预期和实践结果相互强化的过程中，这一正强化的过程有助于主体形成需要引入更高自由度的产品的认知（Gondo & Amis，2013），并会随着产品的扩散和产业配套网络的形成而同化其他市场主体的认知（Abrahamson，1991；Pouder & John，1996；Gimeno，Hoskisson，Beal & Wan，2005）。而随着采纳主体的增多，在自由度资源有限的情况下，为获得更多资源和自由度供给，某些主体将提升自身的自由度层级，以区别于市场上其他低自由度主体，推动新自由度需求主体的形成（Abrahamson，1991），从而导致市场形成更多层级的价值主张群体。而具有更高文化层级形成能力的主体将由于能够满足多层级市场的规范以及价值认知，从而能够被更多市场群体所认同和采纳。

在市场高层级自由度存在约束的情况下，更多高自由度需求主体的形成，将不断挤压现有市场中心群体的自由度供给能力，导致消费群体在周边市场的持续溢出。新产品的引入、市场边界的扩展、新自由度主张和目标法规的引入、更多高自由度需求群体的形成所带动的新产品需求升级的循环升级，将带动周边市场群体市场自由度的持续升级，并推动更多高自由度的市场主体进入平行支点核心的市场网络空间中，从而带来平行支点核心在技术、市场、法规和文化自由度上的持续升级。在合理规划的情况下，新产品以及新法规的引入能有效调控市场的自由度以及权利缺失主体的融入；同时，市场分工的深化能推动新市场结构和接口的形成（Hiatt，Sine & Tolbert，2009；桑瑜，2018）。

调控、竞争推动多中心层级化市场下自由度层级衍生与市场接口形成，如图 2-1 所示。

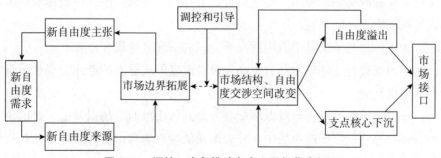

**图 2-1　调控、竞争推动多中心层级化市场下
自由度层级衍生与市场接口形成**

2.3 理论构建

2.3.1 多中心层级化市场下的多层级技术竞争

本研究通过下面两个不同层级市场中相同类型的市场主体 A 和市场主体 B 的竞争，以分析在层级化市场下，市场的竞争如何影响市场中要素的流动以及通过技术竞争推动特权市场自由度交涉权利的开放和市场状态下竞争性权利缺失的形成。

在被定义的市场初级阶段：

• 市场主体 A 相对于市场主体 B 在技术层级自由度上更低，主体 A 的网络层级自由度比市场 D 的特权依附主体技术层级自由度更高，市场 D 相对于市场 C 在特权自由度（资源定价和税收配套的使用权利）上更高，但市场 D 的市场层级相对于市场 C 的更低。

• 市场中产业配套在形成广泛的网络嵌入和渠道专用后，主体 A 和主体 B 的竞争将主要集中于消费者端，在新的消费群体不断涌入并推高市场成本的情况下能够有效利用自由度交涉空间带来的优势培育消费群体的习惯，并形成不同主体市场渠道的重构。

• 市场 D 长期依附资源、制度等特权要素进行生产，由于高度网络化的资产沉没成本、独特的网络结构和规范使得外部群体无法进入系统中，特权依附主体自由度将随着市场消费结构的升级以及生产力的提升而下降，系统活力下滑。

• 主体 A 和主体 B 都依赖于市场 D 中的基础资源进行生产。市场 D 中的区位资源稀缺以及历史性制度特权的存在，导致围绕区位资源和制度的特权依附主体的存在。

• 主体之间的交易中自由度交涉空间的下降将导致客户溢出。

• 市场设计主体针对具有更高层级自由度形成能力的群体会提供更高的自由度配套。

• 产业链的升级将导致低端配套外溢到低层级的市场以及低层级的消费群体转移到低层级的市场中，并会推动低端市场自由度升级，带来高层级消费群体市场回流。

• 市场 C 和市场 D 在层级资质规范的设定上存在差异。

- 市场高层级自由度有限导致特权资源稀缺。
- 本研究并未考虑市场间潜在的交易成本、制度成本对边界的影响。

2.3.2 多层级技术竞争、主体自由度交涉空间改变、市场状态层级的竞争性权利缺失以及特权自由度交涉权利的开放

2.3.2.1 市场内多层级技术竞争、自由度交涉空间以及特权自由度交涉权利的开放

考虑市场中的主体 A，由于资源的约束以及市场竞争者的增多，在相应的市场 C 中需要拥有独特的资质才能获得更高的自由度，主体 A 必须依据制度设计主体的要求通过技术升级以满足相应的逻辑需求从而实现自由度的提升。在无法通过技术和配套升级而提升自身自由度的情况下，主体 A 受到市场 C 成本要素价格上升、制度自由度压缩的约束。消费升级将降低主体 A 同其市场配套群体的市场自由度。市场 C 中的消费升级带来自由度的下降将导致主体 A 降低同配套群体以及消费者之间的自由度交涉空间。随着主体 A 和主体 B 对市场状态层级竞争的不断提升，主体 A 和主体 B 对技术配套产品如高级技术人才的需求会不断上升。为引进和培养更多的高级技术人才，市场 C 为获得更高的市场自由度会为市场内的企业和人才提升配套等级（Pouder & St John，1996），主体 A 以及主体 B 也将不断投入资源为自身构建起能够获得更高市场自由度的配套（Gimeno，Hoskisson，Beal & Wan，2005），从而带来更高价格要素的不断流入并带来市场成本结构的上升。

市场主体 B 的技术自由度更高，能为主体 B 的市场对象和消费群体带来更高的自由度交涉空间。并且，随着消费升级，只有主体 B 能够有效满足升级后消费群体的需求，这将导致主体 A 在市场中资源、机会以及消费群体的流失，进而压缩主体 A 的自由度。而主体 A 本身由于受到产品属性以及关键技术人才的约束，将无法进一步提升产品的技术自由度，随着成本结构的上升、消费结构的升级和配套的升级将导致自由度交涉空间的下降，最终将导致主体 A 的消费群体的流失。

主体 A 在得到市场 D 允许的情况下将推动生态系统内的相关配套随着市场成本的提升逐步转移到能够获得更高自由度的市场 D 中，市场 C 中低自由度的群体也将由于自身自由度约束而转入市场 D 或者其他类型的低端市场中。由于主体 B 已经高度嵌入在市场 C 中，同时市场 D 中的消费群体由于市场状态层级同市场 C 存在层级差异，消费结构的不匹配将会

约束主体 B 的技术自由度带来的自由度交涉空间提升的竞争优势，即市场 D 中的主体 A 和主体 B 不会存在明显的竞争劣势，这使得主体 B 倾向于留在市场 C 中。在无法获得最优选择主体 B 的情况下，次优选择主体 A 将在市场 D 中被引入。

在进入市场 D 后，主体 A 将依据自身独特的网络层级技术优势，通过多层级技术市场的竞争带来自身在市场 D 中技术、市场、法规和文化自由度的升级，并推动以主体 A 为核心的新兴网络支点的形成；带来市场 D 特权产业链的重构并带动主体 A 进入特权网络中，市场 D 内的特权依附产业网络将在自由度约束下进入低层级市场中。在这个过程中，主体 A 将随着市场层级的持续提升带来特权依附主体产业网络的解体、高层级消费群体和渠道的持续引入，推动市场自由度交涉空间的持续提升，并推动市场产业网络在不同部门的衍生，从而带动市场自由度宽度的提升，最终带动市场的整体升级。

2.3.2.2　技术自由度

（1）层级支点核心引入。

层级支点核心引入指由于主体具有多网络层级的技术，在多中心层级化市场进行竞争的情况下，在多个中心层级市场同时引入新的技术进行竞争（Reed & DeFillippi，1990），推动多个中心和层级市场的自由度升级。由于主体 A 本身的技术自由度相比于市场 D 现有的生产主体的技术自由度更高，使得主体 A 能进入广泛的市场网络层级中，主体 A 在市场 D 中将拥有较高的自由度深度，并为市场 D 内的高层级消费群体带来更高的自由度交涉空间。同主体 A 一样具有类似技术自由度的市场主体和配套群体在市场 C 的压力下，观测到主体 A 在有相应的技术优势而形成利基市场的情况下，也会模仿主体 A 的行为而不断流入市场 D。主体 A 及相关配套市场主体的流入，将对市场 D 的要素成本结构以及消费结构带来改变。市场消费群体自由度的提升将首先推动更多高层级市场群体的出现，接着推动市场对更高自由度产品需求的形成。由于嵌入在特定的网络中，特权依附主体将由于自由度资源的有限性以及资源供给的限制而无法有效满足更多低层级群体的需求。这将推动主体把资源投入到能形成更高自由度的领域中，这使得升级后的消费群体将重新寻找替代产品；并且，消费升级将带来某些消费群体开始流入主体 A 的低层级市场网络中。

（2）新兴和边缘部门或市场平行支点核心站位。

新兴和边缘部门或市场平行支点核心站位表示在多层级技术进行平行竞争的情况下，在各类自由度主体存在潜在自由度升级需求的领域进行资质供给的站位，保障主体在自由度资质有限的情况下随着市场自由度的层级提升，新兴和边缘部门或市场群体为获得更高的自由度交涉空间而持续溢出进入平行支点核心的网络。

由于市场 D 的特权依附主体主要依靠资源、制度特权要素的供给渠道优势获得相应的竞争优势，因此，主体 A 的引入以及更多配套生产主体的引入将改变市场的消费结构并不断压缩低层级自由度的特权依附主体的技术自由度。主体 A 及其配套网络本身在市场中与依附于特权的市场主体相比具有更高的技术层级优势，这使得主体 A 及其市场配套主体在开放的消费市场中会具有更高的自由度交涉空间，并且能够满足市场 D 中高层级消费群体的需求。随着类似于主体 A 的同类市场生产者的增多，市场的消费结构和生产结构会不断提升。消费升级会更快提升市场对形成更多高层级技术自由度生产主体的需求，并降低低层级技术自由度产品市场的自由度交涉空间。特权依附主体由于技术自由度有限，将随着市场的消费升级更多地扩大中低层级技术自由度的市场；但是由于配套资源和资质的供给也有限，某些低层级的消费群体以及生产群体也将不断溢出。平行支点核心站位能不断引入这些边缘主体。

在新兴领域资质供给有限的情况下，更多消费群体的持续升级使得消费者将溢出进入主体 A 的高技术自由度层级的生产配套网络中并提升主体 A 的市场空间。这推动了主体 A 及其配套群体在市场上形成依据提升的技术自由度而衍生的新的产业配套和更高附加值的新兴产业链。这将为主体 A 及其配套群体带来更多的市场选择及进行自由度交涉的基础，并为主体 A 提升自身的网络层级自由度提供新的空间。主体 A 及其配套群体网络的扩大，将为主体 A 及其市场配套群体带来更多符合市场需求趋势的新兴利益群体的融入。

2.3.2.3　市场自由度

（1）市场自由度层级性调控。

市场自由度层级性调控指制度设计主体在稀缺资源供给能力有限的情况下，通过控制不同网络层级主体自由度的供给以推动自由度溢出以及对自由度层级的竞争。

主体 A 具有更高的自由度层级深度，使得主体 A 能够有效进入规范升级后的市场中。市场自由度持续升级，将推动特权依附主体不断推出更高技术自由度的产品，并压缩特权依附主体的网络层级自由度。更高的技术自由度层级使得主体 A 不仅能在主流的消费市场随着消费升级而持续引入溢出的消费群体，而且能够进入更高层级的升级后的消费市场中。消费升级带来了特权群体在中低端市场更大的空间。在高层级自由度资源有限的情况下，这将推动特权群体将资源更多供给具有更高自由度形成能力的生产结构。

由于自由度供给的约束，消费结构的持续上升以及主流消费群体对自由度交涉空间需求的上升，将导致低自由度层级的特权依附主体的市场持续压缩。同时，市场成本的持续上升，某些低自由度的特权依附主体将由于市场成本上升而解体和溢出，并进入更多新兴群体的网络中去提供市场的进入资质。这将降低对应部门内的自由度稀缺程度，压缩特权依附主体的网络层级自由度。某些低自由度的市场主体将由于无法获得特权依附部门溢出的自由度资源，或者由于自由度过低而进入某些自由度更低的部门中，边缘部门的合理站位将能有效引入溢出的市场主体。

（2）自由度竞争性溢出。

自由度竞争性溢出指随着市场的竞争，部门内和部门间的循环推动市场自由度升级，带来具有高自由度需求的主体进入高技术自由度领域，或低自由度主体溢出进入低自由度市场（Williamson，Wu & Yin，2019）。

低自由度部门将由于更多高自由度生产主体和消费主体的进入而推动自由度持续提升，同时伴随市场成本的提升。当然，由于部门内自由度层级相对较低，相应部门的制度支撑和配套水平较低（Dobrev & Gotsopoulos，2010），这使得部门内自由度升级主要通过高层级市场的溢出，相应的升级过程将相对较慢。低自由度部门将随着更多高自由度部门主体的进入而形成市场自由度升级的内循环，推动高层级自由度主体回流进入高自由度部门。同时，市场自由度的升级以及成本提升，将压缩低自由度部门内特权依附主体的自由度交涉空间。市场整体自由度的上升，将带来低自由度部门内特权依附主体的进一步溢出，进入对应部门的新兴市场主体和主体 A 的网络中；带来配套产业链的衍生和市场的模仿，推动相应部门低层级自由度资源稀缺性的下降。

高自由度的生产主体和消费主体回流进入高自由度部门将推动高自由度部门的自由度层级进一步提升，并推动市场成本的提升，更多高自由度的消费群体也将溢出进入主体 A 的网络中。更多高自由度主体的出现将推动特权依附主体将资源更多配套到高自由度形成能力的领域。

市场成本的提升会压缩部门内低自由度特权依附主体以及主体 A 的低自由度网络配套的自由度交涉空间。部门内低自由度的主体将随着成本提升而出现解体和溢出，并进入某些部门内新兴市场主体的网络中，带来部门低层级自由度稀缺性的进一步下降。而某些溢出的市场主体将进入自由度更低的部门内，并被边缘部门站位的支点核心引入，进一步带动低层级部门自由度升级的内循环。低层级部门自由度升级的内循环将进一步推动某些特权依附主体以及主体 A 的网络中低自由度的市场主体进入其他低层级的市场中，并持续推动这些部门自由度升级的内循环。同时，带动对应部门内特权依附主体的解体和溢出、高层级自由度生产主体和消费主体回流进入高自由度的部门，并进一步推动高自由度部门内的特权依附主体和主体 A 中的低自由度网络配套的下沉，进而推动主体 A 在高自由度部门引入新的具有更高自由度的技术。这会推动主体 A 在不同部门的市场自由度随着高自由度消费主体的溢出而不断提升。高自由度生产主体的回流则会进一步降低高自由度部门内中低层级市场自由度的稀缺程度，推动中低端市场的饱和。

（3）新兴和边缘部门或市场利益相关者引入。

新兴和边缘部门或市场利益相关者引入主要指随着市场自由度的竞争性溢出，主体由于拥有有限的新兴领域进入资质，通过市场资质的供给性站位提供更高自由度交涉空间资质渠道的方式引入新兴和边缘部门或市场的生产群体和消费群体以构建起符合市场发展趋势的资质渠道。在中低端网络层级市场自由度整体提升，产品和资质的稀缺性持续下降的情况下，这会进一步提升市场整体的自由度，并压缩中低端产业链的自由度交涉空间。一旦某一网络层级的产业链环节出现自由度交涉空间下降带来消费者转移的情况，主体 A 在进入相应市场的情况下，相应市场的自由度就会被市场上模仿能力强的主体所挤占，低端市场也将迅速饱和并进入低价竞争阶段。这导致主体 A 在中低层级自由度的市场中并不能有效体现竞争力。同时，随着市场自由度升级带来的不同层级部门的解体和溢出，特权产业依附主体也将持续压缩网络层级自由度以及自身的特权要素自由度。

由于在高自由度层级市场具有形成更高自由度的资质渠道，高技术市场主体 A 将有机会随着消费群体在不同部门内的溢出持续提升自身的市场自由度等级，带来新兴领域的发展，如技术教育、设计、法规审计等领域，新兴领域的发展将推动产业链向更多制度特权边界衍生。主体 A 不断引入溢出的资源带来了更高的自由度交涉空间和形成能力，导致市场的模仿，推动了同类型群体的增长。同时，自由度形成机制的市场内循环将导致市场自由度的稀缺程度下降，并持续推动更多部门内中低端市场的模仿和竞争。

随着部门内和部门间自由度升级循环的持续，某些市场主体将由于产业链持续下沉并到达市场边界且随着市场消费升级而被淘汰出市场，从而出现市场状态的竞争性权利缺失。处于新兴和边缘部门或市场的支点核心将能够持续引入溢出的主体。低层级自由度稀缺程度的下降和生产者的持续进入带来资源的约束，在市场主体间存在层级竞争的情况下，将推动具有更高自由度需求的结构规则的建立。

2.3.2.4 法规自由度

（1）利益相关者衔接。

利益相关者衔接指随着市场自由度的升级，通过站位和自由度供给（如授权和产业配套衍生）的方式推动具有更高自由度需求的市场主体持续溢出进入新兴和边缘部门或市场核心网络；在市场能形成更高自由度交涉空间的情况下，带来更多模仿群体持续进入新兴领域；同时，新兴和边缘部门或市场核心网络的形成将推动制度设计主体由于新兴和边缘部门或市场产业获得不同于竞争对手的自由度层级，从而形成共同的利益基础。

在各市场主体间存在市场状态层级竞争的情况下，这将推动制度设计主体对中低端市场自由度供给的控制，合法化新兴和边缘部门或市场产业，推动开放，以提升新兴和边缘部门或市场主体的自由度交涉空间和自身的自由度交涉空间。在主体A的网络衍生触及多部门特权边界以及市场边界的情况下，市场自由度将随着整体网络消费结构的提升而提升，市场内的模仿和高层级资源将不断引入和下沉从而带来整体市场的消费升级。技术的模仿将压缩资源的稀缺程度，从而带来各类主体自由度的持续压缩以及主流和细分市场的快速饱和。在面对高度模仿而带来的主流市场快速饱和的情况下，主体A的产业链无法高效利用技术层级自由度以提升自身的市场宽度，这使得主体A及类似的主体会随着自由度升级触及各类特权主体的边界。自由度的升级带来特权依附主体自由度的溢出，使得主体A进一步升级技术层级或进入低自由度的中心部门，并引入更多的新兴特权利益部门的渠道以应对竞争和消费升级的需求（如引入物流、产权、法规以应对不同层级市场中侵权产品的市场挤压，推动文化市场如广告舆论等的融入），以获得更高的产业链生态自由度，并为这些领域提供更高的自由度交涉空间（万倩雯，卫田，刘杰，2019），并进一步通过市场模仿提升中低自由度层级市场自由度的稀缺程度。主体 A 推动中低自由度市场主体溢出进入新兴和边缘部门或市场，带来新兴和边缘部门或市场主体的不断增长。

（2）网络自由度层级的重构。

网络自由度层级的重构指市场自由度的持续改变将推动新网络层级自由度结构的形成，带来市场主体在网络中自由度交涉空间的改变，制度设计主体通过合法化相应的市场结构推动自由度分配结构的重构（重新组织）。由于高层级自由度资源有限，在知识产权保护、提升高层级资质配套等行为符合对应部门市场设计者对于更高效利用自身自由度资源以提升自身市场层级和自由度的情况下，针对成熟市场中低端生产群体自由度资质标准的提升成为可能（Swaminathan，2001；Greenwood & Suddaby，2006；Greenwood，Suddaby & Hinings，2002）。这将推动成熟市场部门内低自由度的厂家因为资质和服务在多方市场中不达标，要么转入低自由度的部门，要么进入其他市场并推动市场的兼并重组。在市场高层级自由度资源不断被挤压，自身自由度交涉空间不断压缩的情况下，更多市场主体将依据部门内对高自由度法规的需求而建立更高自由度的法规。主体 A 由此将形成更高自由度的生态产业链，更多高层级的配套引入将推动整体市场的消费升级（Wright & Zammuto，2013）。这就会推动更多新兴群体溢出进入主体 A 及类似群体的新兴市场网络中。高层级自由度法规的建立将同时带来低层级自由度法规的消亡，并推动低层级产业群体市场转移进入其他部门或者被淘汰出市场。这使得低层级市场主体将由于资质结构和层级同整体市场存在差异，导致在整个市场中由于竞争带来层级和结构性权利缺失。边缘市场的站位使得主体 A 能够有效地引入权利缺失的主体。

（3）新自由度主张分类强化推广。

新自由度主张分类强化推广指市场通过形成新自由度主张及对应的目录，带来新自由度引流结构的形成，推动不同类型自由度需求的市场主体不断进入新的网络层级市场中。

消费升级将推动市场内低自由度的生产群体及特权依附主体部门的进一步解体和溢出，从而推动中低层级自由度部门随着主体 A 以及新兴市场主体资质渠道的获得而进入相关部门，并进一步推动相关部门自由度的升级；同时，推动更多对应部门引入市场配套，提升相应部门的消费层级。

消费升级带来的溢出将推动新兴和边缘部门或市场群体的增长。在新兴和边缘部门或市场群体能够为市场提供更高自由度交涉空间的情况下，为降低部门内高层级自由度被中低自由度部门占用，在高层级自由度资源有限以及部门间制度设计主体的制度层级存在竞争的情况下，制度设计主体将合法化新兴和边缘部门或市场以推动高层级自由度资源的分配，提升自身在制度市场的自由度交涉空间。而主体 A 及类似的主体在新兴和边缘部门或市场不断引入溢出的各类生产主体和消费主体，将由于持续积累多层级的市场资质而在新兴和边缘部门或市场获得更多自由度配套的资质。这使得主体 A 能够获得对应部门更高的自由度供给，并随着市场自由度的升级，持续引入那些自由度空间被压缩而退出相应部门的市场主体的市场（Wright & Zammuto，2013）。同时，随着消费升级，主体 A 依靠自身在新兴和边缘部门或市场的站位以及更高的网络层级自由度，能持续引入更多的希望获得更高自由度交涉空间的主体。特权依附主体将随着消费升级和低自由度部门的解体不断引入具有更高自由度的技术及配套，而这会不断压缩特权依附主体的网络层级自由度。

部门间具有更高自由度的法规的推出、市场自由度的升级、特权依附主体部门的解体和溢出的循环将带动市场 D 中更多部门推出高自由度法规（Wright & Zammuto，2013），并推动市场 D 中更多部门的自由度的升级。由于特权依附主体在技术自由度上同主体 A 存在差距，这使得其随着消费群体消费等级的持续上升、不同层级产业链市场竞争的持续深化而持续解体和压缩，导致特权依附主体的市场随着消费升级而萎缩。

市场自由度的提升、技术的竞争以及部门内高层级自由度法规和新兴利益部门的衍生将推动主体 A 依据自身高层级的自由度资源进入更多部门中，并将持续提升主体 A 在不同部门的自由度，带来主体 A 的产业链对新兴市场利益群体的持续引入。随着新自由度主张合法化，某些市场主体将形成自由度断层而无法进入更高层级的市场。而市场自由度的升级，将不断挤压相关主体的自由度交涉空间和网络层级自由度，带来各类群体从形成自由度断层的主体生态网络中溢出，并进入多层级市场站位以获得进入新自由度主张合法化市场主体的生态网络中。

2.3.2.5 文化自由度

（1）新自由度引导阶梯式升级。

新自由度引导阶梯式升级指合法化新自由度主张，带来市场内竞争主体在不同部门内引导新自由度主张市场需求的阶梯式升级和强化。在合法化新兴和边缘部门或市场之后，更高的自由度获得能力将推动更多部门推出具有更高自由度规范需求的法规。这将推动具有类似资质的生产主体不断涌入，带来新兴和边缘部门或市场的自由度引流能力的持续挤压，并推动更高自由度需求群体的形成。

主体 A 及类似的主体为了更好地引入升级后的消费主体（过度竞争的领域），将随着各部门自由度的升级而在对应部门引入针对新的技术和消费群体的引流策略，通过广泛的宣传推动对应部门自由度需求升级以及市场 D 不同部门中新自由度主张群体的形成，并提升产品市场的自由度主张和目标，从而能更好地满足更多主体的文化需求。更广泛的需求升级带来的部门自由度升级将推动对应部门低层级自由度主体的解体和溢出，降低对应部门低层级自由度产品的稀缺程度，同时提升对应部门的自由度层级。特权依附主体为提升自身的自由度层级，也将推出具有更高自由度的产品，这就会不断引入具有更高自由度生产能力和消费能力的市场主体。这将进一步提升部门的市场成本和压缩低自由度产品的市场空间。随着这一市场内循环的持续，低自由度的市场主体将持续流入市场 D 中的低自由度的部门，并提升低自由度部门的自由度层级。

随着低自由度部门自由度层级的提升，部门内低自由度的特权依附主体将随着自由度以及市场成本的提升而持续溢出或解体。这将为主体 A 进入新的产业部门提供必要的资质渠道和资源。主体 A 将进入相应的部门并通过引入更多高层级自由度技术、配套和资源的方式提升对应市场的自由度。对应市场自由度的升级，将持续推动具有高自由度交涉空间需求的消费群体和生产群体形成并向主体 A 网络溢出，同时带动特权依附主体自由度层级的提升和价值主张产品的推出。这就会推动对应部门的主体 A 同特权依附主体间进行关于自由度升级的竞争，带来更多低层级自由度主体的溢出以及高层级自由度主体回流进入更高自由度的部门。部门内自由度的竞争循环升级以及部门间不同层级自由度资源的循环流动将带动市场内各部门形成更多高层级的产业链及配套，从而形成市场 D 各部门间的自由度和产业链升级的循环，带来更高自由度需求群体的形成。

（2）新自由度价值主张群体形成。

新自由度价值主张群体形成指由于市场结构网络对新自由度主张的强化引入，市场主体通过强化高层级自由度的正向反馈形成对新自由度主张的认可和持续实践。市场 D 中的各部门都将由于部门内自由度的升级带来更高自由度产品生产网络的形成从而形成具有更高文化自由度需求的产业

（Abrahamson，1991）。为满足高自由度市场主体的需求，主体 A 将持续引入具有更高技术和文化自由度的生产主体进行生产、研发和销售，并利用这些高自由度生产主体开发更多高自由度的市场。同时，随着特权依附主体自由度压缩带来的解体，主体 A 将获得进一步进入更高层级自由度部门的资质。

各部门更多高层级自由度主张产品的形成将推动更多的高层级消费、生产和教育群体的出现，并带来市场成本的提升和低层级自由度部门的升级。这就会不断压缩低文化自由度群体的市场空间，并推动高文化自由度主体的集聚。而由于特权依附主体的网络层级自由度有限，市场整体自由度在不同部门的持续提升，将带动更多高文化自由度的主体进入不同部门并不断扩大主体 A 的市场空间以及利基市场。在主体 A 的各个部门都拥有广泛利基市场的情况下，更多高层级文化群体的出现和引入将使得主体 A 能随着部门内的技术升级在各部门进一步扩大自身的利基市场，提升自身在各个部门的文化自由度以及技术自由度。

同时，随着更多高自由度消费群体的溢出，主体 A 的产品将会向低自由度层级的市场衍生。市场 D 将因为更多主张新自由度的主体的出现，使得特权依附主体的自由度压缩，市场也将逐渐饱和，推动高自由度消费群体对更高自由度层级产品的需求。在高层级自由度资源有限的情况下，主体 A 将进一步推出具有更高技术自由度的产品及生产配套，进而推动主体 A 形成更高的网络层级自由度，带来主体 A 层级化市场和产业链的升级。更高技术自由度产品的推出以及自由度的升级将推动中低层级自由度产业链向中低层级自由度市场转移，形成新的支点核心。新的技术自由度形成能力过高而现有的制度系统无法有效刻画其形成方式，将导致自由度形成等级过高从而带来竞争性权利缺失。通过新兴市场的站位，有利于引入具有高自由度的权利缺失主体。

主体 A 在技术自由度、市场自由度、法规自由度和文化自由度的循环提升将推动市场自由度的分层，并推动更多不同自由度需求主体进入能够形成更高自由度的网络，导致主体 A 自由度形成层级的改变并推动以主体 A 为中心的多层级自由度网络支点的形成（黄凯南，乔元波，2018）。同时，导致持续压缩特权依附主体的网络层级自由度以及自由度交涉空间，推动各层级的生产群体和消费群体向主体 A 的层级网络持续溢出。

2.3.2.6　新兴生态产业网络支点形成、自由度断层与特权自由度
　　　　　交涉权利获得

主体 A 通过政府引导形成的自由度主张的相似性将提升自由度主张认同，合理的自由度层级编排将推动更大范围中心层级主体自由度主张相似性的形成。而长期的自由度的升级和市场自由度结构的改变将导致特权市场中心主体自由度断层的形成，进而主体 A 将随着多中心市场的文化融合和自身网络位置的提升而形成获得特权的可能。持续的市场自由度升级带来了新的市场中心以及层级结构，在缺乏新市场中心和层级市场进入资质而不能获得进入更高层级市场渠道的情况下，特权主体将对新兴市场主体特权开放以衔接自身的自由度断层。

由于现有的特权依附主体的特权制度、资产以及网络规范层级专用性的存在，升级后的生产配套也将由于资产、渠道以及新兴市场部门的层级资质的专用性而进一步压缩特权产业链主体的特权自由度，如物流配套的转移将可能导致特权主体在销售产品时，时间成本大幅提升。新兴领域资质的约束带来的自由度断层将导致特权主体不能有效进入新兴领域。由于消费群体的持续流失以及新文化的形成，新自由度主张主体对特权依附主体的合法性认同将持续下降（Maguire & Hardy，2006；Maguire & Hardy，2009；Hardy & Maguire，2010）。

在存在制度市场层级竞争的情况下，新自由度主张的持续合法化将带来新兴市场进入的自由度断层。特权主体为了能够获得进入更高层级自由度市场的能力，会倾向于把自由度资源投入到那些能够推动自身获得更高自由度的群体中。特权制度设计主体将随着自由度的流失压缩自由度交涉空间，特权要素供给者将有意愿为以主体 A 为中心的网络支点提供更多的特权自由度以获得主体 A 的自由度的资质通道，降低自由度交涉空间压缩的压力（Wright & Zammuto，2013；Greenwood & Suddaby，2006；Greenwood，Suddaby & Hinings，2002）。在特权制度和规范仍然存在的情况下，主体 A 将由于构建起了针对特权制度的独特的资质、规范和渠道，将和现有的特权依附主体成为同时拥有特权的生产群体。

这会导致主体 A 同特权要素供给者的融合（Lawrence，Hardy & Phillips，2002）、市场 D 中网络层级的重构以及消费者自由度交涉空间的大幅提升。在面对不断提高的消费成本的情况下，低市场层级的群体将在低层级市场内高度竞争和分流，会出现不能有效融入高层级市场网络的情况，从而导致自由度随着市场的消费升级被不断压缩并流向消费层级更低

的市场中，并为现有的特权群体提供配套，推动竞争外溢及市场的流动。新兴的低端市场将随着高端市场高网络层级主体的转移融入获得更高的自由度交涉空间。

推论1：高技术层级自由度的市场主体A通过多层级自由度升级竞争和站位，推动自由度部门内循环升级和部门间回流，将能够推动市场整体自由度的提升，推动市场主体溢出，并向新兴和边缘部门或市场站位的平行支点核心集聚。在经历技术、市场、法规和文化自由度循环升级之后，以主体A为中心的新生态层级网络支点形成和市场结构的改变，将降低特权依附主体的网络层级自由度以及制度特权供给者的自由度交涉空间。制度特权主体为衔接新自由度主张市场的自由度断层将推动自由度交涉权利对新网络支点开放，并为权利缺失主体带来特权市场接口。

推论2：市场内的竞争会导致自由度的升级从而带来低市场状态层级配套群体的转移和自由度规范的升级，形成低市场状态群体自由度结构同现有的产业链衔接断层，从而带来边缘群体的权利缺失。选择合适的支点核心在边缘市场站位有利于为低自由度的权利缺失主体带来新市场接口。

推论3：市场内的竞争会导致自由度的升级，从而带来产业链向不同市场部门衍生，而同时会出现具有更高自由度需求的制度，导致自由度的形成方式、结构过低并和现有制度系统存在差异而无法被现有的制度系统刻画，从而导致市场主体的权利缺失，通过选择合适的支点核心在边缘市场站位，有利于为低自由度的权利缺失主体带来新市场接口。

推论4：市场内的竞争会导致自由度的升级从而带来产业链向不同市场部门衍生，导致自由度的形成方式、结构过高并和现有制度系统存在差异而无法被现有的制度系统刻画，从而导致新兴市场群体的权利缺失，通过选择合适的支点核心在新兴市场站位有利于为高自由度的权利缺失主体带来新市场接口。

在这里，市场状态的竞争性权利缺失主要由于资源、认知层级和结构同现有制度存在差异而形成。等级差异相对比较直观。主体A在制度设计上具有更高的自由度层级，使得主体A中的高市场状态层级的产业会不断集聚，并带动主体A的产业网络的衍生。随着消费结构的升级，市场主体之间的模仿和配套的增加，将不断提升主体A的自由度的层级，并带动自由度的升级和产业链的衍生，最终触及特权利益群体的市场边界。更多的市场配套以及资源的供给将带来更高的市场自由度以及更多高市场状态层级的消费群体。为满足高层级消费群体对高自由度交涉空间的需求，市场会不断把资源投入那些能够带来更高自由度的高层级配套和网络中。这导致主体 A 本身的资产、网络结构层级会随着产业链出现层级性的上升，并带来更高层级自由度法规的形成。而法规自由度升级导致特权依附主体中低自由度的生产者无法进入现有的生产网络中。这就导致特权依附主体以及某些低自由度的市场主体的自由度形成层级过低，从而形成由于自由度等级差异而带来的竞争性的等级权利缺失。

结构性状态差异主要是指不同类型的市场状态群体和制度设计主体由于都能够通过自身的专业资产和渠道获得不同层级的自由度，这使得制度设计主体以及市场主体会为了获得更高的市场状态而围绕相应的自由度的形成机制不断提供新的更多的配套，并不断向不同的制度、技术网络空间衍生。这一方面会带来技术资产、渠道和制度规范的独特性，另一方面将使得主体在进入其他领域后，在提升自身自由度的时候存在偏好、资源禀赋、行为结构以及自由度形成规范上的差异。

市场主体产业链持续衍生到其他部门领域后，自由度的形成方式将出现结构性变化。现有的制度和规范自由度层级过低将导致市场主体的资产、渠道自由度的形成方式受到限制，导致主体在新的市场领域自由度交涉空间较低，同时缺乏合法的制度支撑从而无法获得正规的权利。这样，即使主体在现有的市场中具有较高的自由度，由于资产、制度和渠道的专用性，市场无法为其提供适合自由度的交涉权利，从而导致基于自由度形成结构过高带来的市场状态的竞争性结构性权利缺失。

在中低端自由度资源的稀缺程度下降、高端自由度资源有限的情况下，市场竞争将推动制度设计主体推出具有更高自由度层级的法规。随着具有更高自由度层级的法规的推出，某些自由度形成结构过低的市场主体将出现由于法规限制而带来的市场状态的竞争性权利缺失。

本质上，市场状态的竞争性权利缺失表现为自由度交涉空间的压缩带来的主体自由度断层的形成，导致主体在无法进入更高层级市场的情况下，进入低层级市场以获得更高自由度交涉空间。在市场自由度层级过高、结构差异较大以及自身自由度层级同市场法规自由度形成方式存在差异的情况下，都将导致自由度交涉空间的压缩并形成自由度断层，导致主体的竞争性权利缺失。

> **推论5：** 自由度交涉空间的压缩带来的自由度断层将导致市场群体的权利缺失，通过选择合适的支点核心在市场站位有利于为权利缺失主体带来新市场接口。

自由度调控、竞争性溢出、站位与新兴市场结构和接口的形成，如图2-2所示。

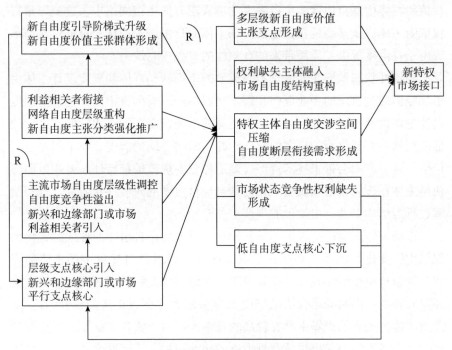

**图2-2　自由度调控、竞争性溢出、站位与
新兴市场结构和接口的形成**

注：图中R表示市场竞争行为的循环。

2.3.2.7　市场间多层级技术竞争、自由度主张冲突和多特权主体群体的竞争

在第二个阶段，市场D中不同类型企业活力的提升，带来市场状态竞争的升级以及市场C中具有类似层级群体的流入，导致市场D整体的要素成本结构上升以及对市场配套层级的进一步提升，进一步带来主体A及特权型的竞争伙伴及其配套群体出现网络层级升级的需求。而市场C中低状态层级的群体流入市场D将带来市场D状态层级的提升，使得市场D符合主体B的定位，从而在市场D希望形成更高状态层级的情况下，主

体 B 获得进入市场 D 的机会，并形成主体 B 的依附产业支点核心 E（或者称为主体 E）。

主体 B 通过对主体 E 的自由度输送带来多层级技术市场的竞争，在经历技术、市场、法规和文化自由度竞争升级后，将使主体 E 形成新的网络支点。持续的自由度升级循环推动市场状态层级的提升，带来主体同特权利益相关者的融合、新兴产业结构的形成，推动支点网络层级的提升，并压缩特权主体的网络层级自由度以及市场的合法性认同；带来自由度和资源引入的压力，推动特权主体衔接自由度断层需求的形成；带来以主体 E 为支点核心的产业网络特权自由度交涉权利的获得（Greenwood & Suddaby，2006；Wright & Zammuto，2013）。

多主体特权市场的形成将最终导致主体 A 和主体 E 之间的竞争变为特权要素供给自由度之间的竞争，并形成自由度主张冲突。自由度主张冲突被定义为主体间依赖不同的技术和制度范式分配市场资源（Pache & Santos，2010）。自由度主张冲突表现为主体 A 和主体 E 在层级差距缩小的情况下[①]，在市场之间和市场内部制度设计主体自由度存在竞争，市场状态层级也存在竞争，以及高层级自由度资源有限的情况下，将压缩市场内各类主体的自由度交涉空间。为获得更高的自由度交涉空间，主体推动市场对高层级自由度资源的竞争（如能源额度、新技术领域进入资质等），将带来各类主体改变自由度价值主张以约束自由度的供给和分配，同时形成权利缺失，即市场间主体都有意愿获得更高层级的自由度资源，主体没有意愿进入低自由度的部门，从而形成自由度主张冲突。

自由度主张冲突将带来新技术的持续引入并压缩低自由度主体的自由度交涉空间，导致低层级自由度主体在不同层级市场的持续溢出。合理的边缘市场的站位将能推动新兴市场的自由度层级提升以及权利缺失主体的持续引入。合理的自由度层级技术引入、法规的规划和引导，市场间高层级自由度法规的形成将推动更多高层级自由度资源和消费群体的形成，进而推动新技术引入，为市场带来新自由度主张和目标，并通过产业链的升级下沉带来低层级自由度市场新生产群体的引入，从而提升市场的文化自由度。这将为高层级市场新兴生产群体进入不同的产业链提供新的市场空间。同时，随着对低端市场合理的投资规划（如设备、资金和人才的配套

---

① 在能够有效持续引入新技术的情况下，主体 A 的网络层级自由度也将持续提升。

引入），新的平行支点核心的进入，那些由于竞争而形成的权利缺失的主体将转移到低端市场以获得更多进入各类基础要素供给群体产业链的机会，推动支点核心生态网络的形成。法规的合理规划将有机会推动主体A和主体B的产业链在不同市场网络层级自由度提升的情况下进一步推动权利缺失主体在各类要素产业链中的引入（Datt'ee, Alexy & Autio, 2018），推动各层级市场结构的改变。

竞争的深入会推动更多层级的市场新技术中心、市场中心、服务配套中心、金融服务中心的形成。同时，通过产业链的衍生推进市场层级的不断衍生和升级，并持续通过技术升级推动低端产业链下沉并使其随着市场法规自由度的提升而消失或解体。

在多中心层级化市场环境下，不同类型的市场主体围绕市场状态层级的竞争将推动主流市场和技术外溢市场的不同类型群体的自由度不断提升，使得市场主体和消费者自由度交涉空间的更高，从而基于市场的状态层级竞争推动特权自由度交涉权利的开放。

> **推论6**：通过自由度的输送推动主体B和特权依附主体A进行多层级的产业链竞争以推动市场整体自由度和技术的升级，推动市场主体自由度交涉空间的改变和竞争性溢出，并使其向在新兴和边缘部门或市场站位的平行支点核心转移，带来更多的边缘市场群体融入以主体A和主体B为中心的网络支点中，并提升主体B在市场D中的层级网络的位置并改变市场结构，而为衔接新自由度主张市场的自由度断层，将推动自由度交涉权利对主体B开放。在主体间存在自由度主张冲突的情况下，将带来以主体A为中心的市场网络的衍生和以主体B为中心的新的网络支点在多层级市场的衍生，并为不同层级市场的权利缺失主体带来特权市场接口。
>
> **推论7**：在主体间自由度层级差距持续减小的情况下，各类主体的自由度交涉空间将被压缩并推动自由度主张冲突的形成，带来主体A和主体E持续引入新技术并推动低自由度主体持续下沉进入新兴和边缘部门或市场。通过对边缘市场的合理配套规划，形成更高自由度交涉空间的支点核心站位有利于更多进入边缘市场的权利缺失主体进入多要素供给主体的产业链，推动边缘市场权利缺失主体获得特权产业网络市场的接口。

推论8：自由度交涉空间的改变将导致自由度主张冲突并带来竞争性权利缺失，选择能为各类主体形成更高自由度交涉空间的支点核心在新兴和边缘部门或市场站位有利于为不同自由度的权利缺失主体带来新市场接口。

2.4　核心结论及实践启示

2.4.1　本章核心结论

本研究从多特权生态市场形成的角度分析了在多中心层级化市场下，政府是如何通过调控高层级自由度资源的供给结构和新支点核心的引入来推动自由度交涉空间改变和溢出进入新兴和边缘部门或市场站位的平行支点核心，进而带来不同部门的层级化衍生和新生态网络支点的形成以推动市场结构改变，带来特权制度自由度交涉权利开放形成新的市场接口。基于此，本研究提出了推动市场包容性发展的新兴和边缘部门或市场支点形成调控机制模型。本研究同时指出，技术竞争将带来权利缺失，通过平行支点核心站位持续引入溢出的市场主体以改变市场结构，有利于解决竞争性权利缺失。

本研究提出了自由度的概念以解释多中心层级化市场结构和接口形成的基础。本研究进一步对自由度进行了分类，基于自由度的来源和自由度的类型划分了四种类型的自由度。本研究认为自由度包括基于制度和能力的自由度，同时自由度的来源可以通过继承和创造的方式获得。在这样的情况下，本研究划分出四类自由度，即技术自由度、市场自由度、法规自由度和文化自由度。本研究提出，这四类自由度将随着自由度的溢出性引入而实现相互强化，同时可能带动不同类型主体自由度交涉空间的改变。

本研究对市场自由度层级提升理论提供了新的研究视角和机制。本研究提出，自由度升级主要通过多层级市场站位、同时推动市场竞争和调控以改变市场主体的自由度交涉空间从而形成升级性溢出来实现。本研究区分了三种不同的溢出类型，并提出自由度溢出的实现过程。通过推动竞争和模仿降低低层级自由度的稀缺程度，改变各类市场主体的自由度交涉空间；在自由度资源供给有限的情况下，更多具有相同能力的市场主体进入，自由度资源的竞争将带来部门内自由度资源引入的约束，并推动市场主体为获得更高的自由度引入能力而推出更高自由度的技术；更高自由度技术的引入将推动市场自由度进一步升级，并挤压低自由度主体的自由度交涉空间，推动市场的溢出。

一类溢出的市场主体表现为具有较高自由度层级，通过进入新兴技术领域以获得更高自由度层级的主体。而另一类溢出的市场主体则是由于市场自由度层级提升带来主体自由度形成结构过低而溢出的。这类溢出的市场主体中某些具有更高的自由度，将进入边缘低自由度部门以获得进入新部门的接口，推动低层级部门竞争和模仿从而带动低自由度部门升级，而某些溢出的市场主体将由于自由度形成结构过低而形成竞争性权利缺失。这一过程机制为亚伯拉罕森（1991）提出的观点提供了新的机制解释。亚伯拉罕森（1991）认为，主体在市场状态层级同其他市场主体不断接近的情况下，高市场状态的主体为显示同低层级市场主体的差别会选择具有更高自由度的技术。

本研究提出了正向自由度积累推动自由度升级的过程机制。本研究将正向的自由度定义为能够为主体衔接更多市场网络从而形成更高自由度交涉空间的权利资质，而正向自由度使得某些高层级市场的负向的权利资质通道在进入低层级市场后成为正向的权利资质通道。华盛顿和扎哈克（2005）提出，主体可以通过引入正向自由度通道的方式推动主体自由度的升级。本研究解释了如何通过调控自由度交涉空间推动自由度通道的溢出性引入从而带来市场主体自由度的升级。基于技术、市场、法规和文化的自由度分类，本研究提出通过多层级技术引入站位、市场边界拓展、新自由度主张形成和新自由度需求拓展的循环推动市场主体自由度的持续引入并推动主体自由度的层级衍生。基于此，本研究进一步提出，为推动权利缺失主体获得特权自由度交涉权利，可以通过引入新兴自由度平行支点核心站位、主流市场自由度层级调控自由度竞争性溢出、新兴和边缘部门或市场引入利益相关者、利益相关者衔接网络自由度层级的重构、新自由度主张分类强化推广、新自由度引导阶梯式升级，并最终带来新自由度价值主张群体形成的循环，推动权利缺失主体的引入以及新自由度市场结构形成的循环，从而推动市场自由度的整体结构的改变以及带来特权自由度交涉权利接口的形成。因此，本研究深化了自由度升级的过程机制。

本研究提出了基于自由度的新市场结构和市场接口的理论。关于市场结构改变的传统研究主要从效率竞争的角度进行分析（Coase，1937，1991；Podolny，1993；Barney，1991）。本研究构建了自由度调控自由度循环升级机制模型以解释新市场结构和市场接口是如何形成的。不同于基于效率竞争而形成的新市场结构，自由度将分离资源和成本的约束，同时其本身是外部预期和实践效果的高度统一（Gondo & Amis，2013）。这使得自由度越高的市场主体越会强化自身进入不同市场的能力并提升自身自由度交涉空间以及形成能力。这会带来自由度的自强化能力（Magee & Galinsky，2008），同时，推动嵌入网络中的主体对自由度的竞争并强化自由度高的市场主体对高自由度资源的集聚和对市场的选择。

本研究对竞争战略理论也可能存在一定的贡献。本研究提出通过多层级支点核心的竞争推动溢出以带动自由度升级，并推动市场对权利缺失主体的持续引入。这一竞争战略的理论机制重点关注了底层自由度市场竞争带来的市场自由度交涉空间的改变将如何形成高层级市场自由度溢出。在低层级市场自由度稀缺性持续下降的情况下，竞争推动各高层级市场主体对更高层级自由度产品的采纳以体现同低层级主体的差异。同时，低层级的自由度竞争也将推动市场整体的自由度升级，带动市场自由度交涉空间的改变以及各类市场主体溢出进入边缘市场。竞争推动边缘市场的升级和不同层级产品的持续引入，将推动市场新兴结构和接口的形成。多层级市场的竞争，带来主体在多层级市场的溢出引入，带动主体对更多利益相关者链接从而形成不同的资质基础以提升自身站位市场合法化的可能。

本研究对制度创新的研究提供了基于自由度调控的机制形成过程，即通过在自由度约束环境下的站位带来配套产业网络的溢出引流、推动市场层级结构的改变以获得特权自由度交涉权利。本研究认为，在多中心层级化市场下的制度创新更多聚焦于多层级自由度的竞争以及新兴和边缘部门或市场站位对溢出的自由度通道的引入，通过持续的竞争以及自由度的供给、引导调控推动溢出以及权利缺失群体的引入，从而带动市场网络层级结构改变以及各类市场主体自由度交涉空间的改变。

相比于现有的制度创新过程主要基于合法性站位、利益相关者衔接以及理论化以推动新制度的形成（Maguire，Hardy & Lawrence，2004），本研究将制度创新的过程划分为多层级竞争和平行支点核心站位、平行支点核心溢出性引入、利益相关者链接、新自由度引导阶梯式升级引导推动新自由度主张群体形成以及网络结构重构的过程。这一过程更加注重依托多层级技术载体的竞争并通过平行支点核心站位来实现竞争性溢出和引入深层次资质通道，通过多层级溢出市场的站位来实现未来合法化的可能，而站位主要通过对应市场中有限的高自由度交涉空间形成资质的供给来实现。

同时，本研究更加强调各过程节点间的相互强化，通过多层级支点竞争和站位强化溢出性引入、通过引入强化利益相关者衔接、通过利益相关者衔接形成不同的资质基础从而带动合法化成功的可能，最后通过结构性衔接强化自由度引导方式的阶梯式升级以推动新文化形成，并最终形成新的市场网络层级结构和接口。在这一过程中，本研究更多地考虑调控、站位以及竞争升级带来的溢出循环的影响。

本研究还划分了权利缺失主体和自由度升级主体的差别。在这样的情况下，可以通过自由度引入层级结构的改变来推动权利缺失主体的引入，从而带来新自由度结构的形成。

本研究对多中心层级化市场下的包容性发展调控机制研究存在一定贡献，将相应环境下推动包容性发展的理论问题聚焦在平行支点核心站位、自由度供给和引导推动权利缺失主体对新特权自由度主张结构的融入上。支点的调控机制模型提出，通过层级化的技术引进及新兴和边缘部门或市场站位，推动市场内、市场间的自由度升级循环；随着自由度升级循环，在高层级自由度资源有限性的约束下，将推动生产和消费群体随着自由度升级去争取更高的自由度交涉空间，从而形成溢出；新兴和边缘部门或市场站位的支点核心随着自由度的升级循环持续引入溢出的权利缺失主体，改变市场的网络结构和自身的自由度交涉空间，带动主体在技术自由度、市场自由度、法规自由度和文化自由度上的积累。这将推动更多权利缺失市场主体获得高层级的自由度和自由度交涉权利以及带来多特权主体层级化市场的接口。

本研究指出，技术竞争将导致各层级市场中的主体自由度交涉空间的压缩，形成竞争性的权利缺失，形成市场竞争悖论。第一类来源于持续的市场竞争使产业链到达市场的边界，导致市场层级的上升，最终带来市场中更高自由度法规的形成，而新进入主体本身的市场层级较低，自由度形成能力缺失导致无法很好地获得市场提供的权利。第二类则是由于持续的竞争导致网络层级资产专用性和规范不断偏离，导致现有的制度无法刻画新兴市场主体自由度的形成方式。在不同部门和不同的网络层级状态下，市场主体会因为对不同的网络层级资产配置的竞争、制度设计主体不能及时更新自身的制度规范、资产配置的差异，导致主体自由度形成方式无法刻画。这就会导致基于自由度形成结构过高而带来市场状态的竞争性权利缺失。第三类则是由于制度规范升级、某些市场群体自由度形成方式无法刻画，导致基于制度的竞争性权利缺失。第四类则是由于自由度主张冲突带来的权利缺失。本研究通过引入层级化技术，推动自由度升级以及产业链升级，带来新兴和边缘部门或市场能形成更高自由度交涉空间的新支点核心的引入，有利于市场状态竞争性权利缺失问题的解决。

本研究也存在以下局限：

首先，本研究提出，通过合理地对自由度配套的规划和引导，现有高层级市场溢出的负向自由度通道在新自由度形成机制的层级市场能成为正向的自由度输入（Sarason & Dean，2019），但本研究并未解释自由度的溢出是如何推动新市场正向自由度引入的，如通过边缘市场的基础设施、文化植入以及社会关系重构带来权利缺失主体市场自由度形成能力发生改变（万倩雯，卫田，刘杰，2019）。

其次，在自由度溢出成为新的正向自由度来源的同时，需要理解在不同中心层级的市场下如何选择新的支点核心，尤其是在边缘市场如何选择下沉的新支点核心。而对新兴和边缘部门或市场支点核心的选择将决定权利缺失主体的持续引入，这需要在未来研究中做进一步深入分析。本研究并未解释如何进行市场站位。现有的研究只是提供了方向性的引导，这有待未来针对不同的环境和具体问题进行深入分析。但是，从溢出的基本形成原因看，通过各层级市场产业链自由度层级衍生的原理进行资质供给性站位有利于权利缺失主体的引入，同时有利于未来在新兴和边缘部门或市场不断积累新的资质，为获得新的合法性提供基础。

2.4.2　实践启示

第一，本研究有助于理解如何通过调控如支点核心站位和自由度引导以推动市场竞争，推动自由度交涉空间的改变，带来权利缺失主体融入市场，形成新的市场接口，提升市场的包容性。本研究指出，自由度调控和高层级技术的引入对竞争的推动能够持续推动新市场结构和接口的形成，这有助于制度设计主体通过合理的规划推动权利缺失主体持续融入市场，提升市场的稳定性。

第二，本研究指出，通过分析政府调控和市场竞争两方面的合作如何推动特权自由度交涉权利的获得，有助于理解如何通过合理的法规设计推动公平的竞争以及自由度交涉空间的约束如何改变网络结构和市场主体的自由度交涉权利，推动市场新自由度主张市场结构的形成，有利于理解如何利用法规建设推动自由市场的形成。

第三章　市场竞争、合作伙伴选择偏好与多中心层级化资源要素自由市场的调控

3.1　引言

在多中心层级化市场下，在特权自由度交涉权利的市场化竞争带来潜在自由度断层威胁的情况下，各类市场主体会形成什么样的合作伙伴选择偏好进而可能导致市场结构扭曲？

在多中心层级化市场下，合作伙伴选择偏好导致市场结构扭曲体现为，合作性站位在带来新自由度主张升级的过程中约束了市场主体自由度的供给并推动了自由度断层的形成，在带来更多权利缺失主体形成的同时压缩了溢出市场主体的自由度交涉空间，并约束了其新自由度主张获得通道的形成。

现有的研究从站位引入溢出的角度解释了在多中心层级化市场下市场结构是如何改变的，如在相应的市场下通过多层级技术竞争和站位能够有效引入新兴和边缘部门或市场溢出的自由度，提升主体的自由度交涉空间，推动新市场结构合法性获得的可能。

在多中心层级化市场下，嵌入网络中的主体由于交易网络及习惯的约束将获得有限的自由度，这带来主体自由度供给的有限性。如特定的位置将依据其本身的功能价值获得对应的自由度权限，这使得各类主体在自身无法获得特定市场进入自由度资质通道的情况下，将通过交易伙伴选择的方式以实现新兴和边缘部门或市场的站位。通过交易伙伴的选择站位，在约束交易伙伴合作方选择的同时也将约束其自由度的供给，推动主体对合作伙伴自由度资源的交换。而这将有助于主体获得通过合作伙伴进入中心部门的自由度资源及资质通道，并随着新兴部门的发展提升中心部门获得新自由度主张合法化的可能（Maguire，Hardy & Lawrence，2004），从

而带动主体及其合作网络获得进入新兴市场的合法资质，提升主体合作网络的自由度交涉空间。这使得在多中心层级化市场下，合适的支点核心（或交易伙伴）不仅能推动市场持续升级并带动溢出，而且能推动不同层级自由度产业链对新兴和权利缺失主体的融入，带来自身市场状态层级的提升。

同时，通过站位，随着自由度调控、新自由度主张引导的出现，能有效引入溢出的市场主体，带来市场结构的改变，并降低主体由于市场自由度升级而出现权利缺失的可能。因此，合作伙伴的选择和合作性站位将决定市场的结构。

前期关于层级化市场的研究认为，通过和高市场状态层级的市场主体进行合作，能通过潜在的威慑有效地推动双方渠道资源的互补和协调，从而推动市场主体的市场状态层级提升（Cowen，2012）。而关于市场状态层级自增强过程机制的研究则指出，推动市场主体状态层级自增强过程实现的核心在于具有更高市场状态层级的主体拥有更多高层级自由度的层级通道，从而带来各类市场主体更高的期望，使得更多的主体愿意同这类主体合作并进一步提升相关主体的市场状态层级（Magee & Galinsky，2008）。然而，相关研究并未解释对合作伙伴的选择是如何带来市场结构的改变和扭曲的。

在多中心层级化市场下，市场状态层级竞争带来的自由度溢出引入被认为是推动市场主体状态层级提升、改变市场结构的有效途径。同时，相关的研究认为，在相应市场下层级自由度供给是存在有限约束的，如现有的研究指出，多层级技术竞争能够有效带来自由度溢出（Williamson，Wu & Yin，2019），通过新自由度主张引导和自由度供给约束能推动交易伙伴的持续引入以及市场中新自由度主张群体的持续形成，并提升主体特权自由度交涉权利获得的可能。前期的研究指出，在多中心层级化市场下，通过推动主体在多层级市场的竞争并通过新兴和边缘部门或市场的站位、自由度有限供给约束和新自由度主张合法化的引导能够有效提升市场自由度，推动产业链在不同部门和层级市场的衍生和下沉，带来市场主体持续溢出进入新兴和边缘部门或市场支点核心网络，改变市场主体在网络中的位置，从而改变市场主体的网络层级自由度并形成新的产业链生态中心，带动更多市场主体高层级自由度以及自由度交涉权利的获得。在自身自由度层级有限的情况下，为实现多中心层级化市场下自由度交涉空间的提升，合作对象的选择显得尤为重要。这将保障主体通过合适的站位实现竞争性溢出通道的持续引入，而同时提升自身在政府调控和引导的过程中通过合作伙伴的网络通道链接各方利益相关者以实现新兴和边缘部门或市场自由度主张合法化的可能，从而提升主体合作网络的市场状态层级。

本研究做出了以下贡献：

首先，本研究解释了多中心层级化市场下市场溢出性升级循环的特征。在这样的环境下，本研究基于合作性站位的原理提出了市场主体对交易伙伴的选择偏好理论，以解释市场自由度交涉空间结构性压缩和市场结构扭曲是如何形成的。

其次，在多中心层级化市场下，在主体自由度层级有限的情况下，本研究提出，通过与交易伙伴的合作性站位推动市场自由度通道的竞争性溢出，将带来市场自由度交涉空间的结构性压缩，推动主体在新兴和边缘部门或市场站位的同时持续引入溢出的主体链接各方利益相关者以实现新自由度主张合法化的可能，从而实现自身市场状态层级的提升，进而可能导致市场结构的扭曲。

最后，本研究发现，为通过合作性站位以提升自身的市场状态层级，市场主体偏向于主体稳定程度高的主体、外部支撑程度高的主体合作以实现站位支点对溢出主体的引入以及新自由度主张合法化的可能，带来新市场结构的形成和自由度交涉权利获得的可能。

3.2　理论背景

市场状态层级理论认为，市场是具有多种层级状态的，而作为交易的环境，即使在相同社会层级的环境下也会存在多种类型市场状态的市场设计主体以定义主体在市场中的层级。在层级化的市场中，主体的市场状态层级被定义为基于产业链的衍生而形成的各类正规和非正规的社会规范对它的认可程度。高层级的市场状态意味着这一市场主体拥有更高的市场规范满足能力，带来更多市场主体对其稀缺资源的依赖，从而相对于低层级的合作伙伴拥有更高的市场控制力（Gould，2003）。这使得主体能够进入更多不同类型的市场层级进行市场交易。同时市场状态层级决定主体的成本结构（Podolny，1993）、市场机会（Jensen，2008）以及对资源的获取（Stuart，Hoang & Hybels，1999）。因此，从市场控制力的角度来讲，一个市场主体本身的市场状态层级主要取决于这个市场主体在市场中的自由度。这一主体本身在市场中的自由度越高，说明这一主体在市场中被市场法规规制约束的可能性越小，对不同类型的市场进行选择和进入的能力越强，议价能力越高。

而市场的多中心理论则指出，市场中存在多种类型的市场设计主体，并且不同的市场设计主体会拥有不同的制度逻辑，如经济、科技、交通主体对主体层级状态的形成逻辑存在很大的差异，相同能力和资质的群体将由于不同中心的群体规范差异在不同的中心网络中形成不同的层级。

这样市场可以被定义为具有多中心层级状态。在这样的市场体系下，规范和调节个体行为的方式可以通过网络的结构和规范来约束不同主体的行为和自由度。通过为嵌入不同中心网络层级的主体提供不同的自由度能够有效地推动市场主体对自由度获取的竞争。在这样的情况下，可以通过多部门市场状态层级的竞争来推动各类市场主体不断提升自身的自由度交涉空间以及自由度交涉权利。

自由度交涉空间表现为依据主体资源和能力的稀缺程度而获得的不同于同层级竞争对手的资质渠道和利益空间。自由度交涉权利指在进行利益交换的过程中，由于主体的交易网络、资质规范以及交易结构介入权利的限制而不能有效获得进入稀缺资源网络的交易网络系统以及与不同利益相关群体进行交易议价的权利。

3.2.1 多中心层级化市场自由度调控、竞争性溢出与交涉空间结构改变

前期研究提出，市场主体实现层级提升的关键在于不断积累正向的关系渠道或自由度通道，并不断减少负向的关系渠道或自由度通道（Washington & Zajac，2005）。如考恩（2012）的研究显示，通过与同具有更高市场状态层级的市场主体合作带来资源和渠道的互补有助于低自由度的市场主体获得正向的自由度通道。汉佩尔、特雷西和韦伯（2019）提出，支点核心主体在迫于市场压力带来自身自由度交涉空间下降而需要进入更高层级市场的情况下，会由于配套市场主体间的协作压力而带来内部冲突，支点核心主体通过持续的协调推动部分主体合作参与以推进新市场的开发，而某些市场主体将由于自身自由度交涉空间过低而无法有效融入新市场而被淘汰出对应的产业链。而这将推动新市场结构和接口的形成（Hiatt，Sine & Tolbert，2009）。由于部门和市场间自由度类型和层级差异的存在，企业通过合适的支点核心站位能推动低自由度资源流向低层级市场从而形成互补性资源并获得新市场的接口。主体的自由度交涉空间则

会随着种群数量的增长、利基市场宽度的改变而改变。在主体拥有有限自由度层级的情况下，市场结构的改变压缩某些低自由度主体的自由度交涉空间，改变主体进入不同层级市场的能力，并形成溢出（Williamson Wu & Yin, 2019）。在这样的情况下，即使溢出的市场主体在中心市场是负向的关系渠道，在进入新兴和边缘部门或市场时如果能够推动主体形成更高的自由度交涉空间，也将成为新兴和边缘部门或市场的正向关系渠道，并有助于提升引入主体的网络自由度层级。

因此，通过合适的环境构建，在多中心层级化市场中，主体可以通过持续引入市场中溢出自由度通道的方式以改变市场的自由度交涉空间，同时获得正向自由度的引入。

然而，在主体自由度层级过低的情况下，新支点核心的下沉将导致某些市场主体无法获得新市场的接口从而带来市场状态的竞争性权利缺失，即新支点核心的引入将导致多种类型市场主体的溢出。

首先，新支点核心的引入将改变市场自由度，在自身市场层级无法同低层级群体有效区分的情况下，将带来具有高自由度以及高层级需求的群体溢出采纳新兴技术并进入高层级的市场中。

其次，新支点核心的引入将推动市场自由度的竞争和升级，带来低自由度部门资源引流的压力，导致部门被挤压而形成溢出。低自由度部门内自由度较高的溢出群体将获得新部门的接口，某些低自由度的群体将由于自由度过低而形成权利缺失。

因此，支点核心通过引入溢出以提升自由度可以通过三种类型的溢出来推动新市场结构和接口的形成，即新兴高自由度需求群体的溢出、低自由度群体的溢出以及权利缺失主体的溢出。

平行支点核心站位理论指出，自由度升级的溢出过程主要通过自由度升级的市场内循环和市场间循环实现（Datt'ee, Alexy & Autio, 2018）。市场内循环的过程主要通过推动不同企业、部门内自由度的持续升级带来自由度通道的升级性溢出，通过网络支点核心在低层级市场的站位推动溢出主体持续进入支点网络。而这又将推动低层级市场的自由度升级的循环，并带动各层级自由度市场主体的回流，推动市场间自由度升级的循环。

随着这一过程的持续，中低层级自由度主张的增多将压缩制度设计主体自由度的供给能力，同时制度设计主体间自由度层级的竞争以及市场自由度层级的持续接近将推动高层级市场主体合法化地具有更高自由度形成能力的市场。而这将挤压低自由度主体的市场空间及其资源获得能力，并推动相应的主体溢出进入低层级市场，带动低层级市场自由度层级的提升，从而推动低层级市场也形成合法化高层级自由度主张的需求。这将推动更多高自由度形成能力的主体溢出进入能够获得更高自由度交涉空间的市场，推动市场间循环的形成，并推动新自由度主张需求群体的持续形成。同时带动自由度层级化衍生，推动主体形成技术引入、市场溢出、法规中更高自由度主张目标的引入以及市场中具有更高价值主张文化群体的持续形成，并带来对更高技术自由度生产和需求主体形成的循环，推动市场自由度持续升级和溢出。

通过在不同层级市场的站位引入溢出主体，推动新自由度主张的引导（如合法化新自由度主张并推动市场广告、媒体的宣传等）将能够推动新自由度主张群体的形成，同时带来主体对新兴、低自由度和权利缺失溢出主体的引入和形成。而市场自由度的升级带来新自由度主张群体的持续增多（Abrahamson & Fombrun，1994；Abrahamson，1996），将推动自由度和资源分配的约束。某些具有更高自由度需求的主体将引入新的技术，从而进入更高自由度的市场（Hannan & Freeman，1977，1989；Pouder & John，1996；Swaminathan，2001），而随着模仿和引入新技术主体的增长，低自由度分配和资源使用能力的主体将由于资源引入压力而溢出进入低层级中心部门，推动低自由度部门的自由度升级和溢出（Datt'ee，Alexy & Autio，2018）。在这样的情况下，合理的站位和引导能够有效推动主体不断引入不同层级市场中溢出的主体，并改变市场结构和自由度层级。

站位表示在市场自由度供给有限的情况下，依据市场自由度形成的潜在需求，为流入市场的主体提供互补性的权利资质和渠道的行为。其目的是实现双方自由度交涉空间的提升，同时约束其他市场主体对合作主体自由度的获得。如要进入新兴和边缘部门或市场则必须获得必要的资质和技术支撑，为提升自身的自由度交涉空间，各类主体在有限选择的情况下将不断进入站位者的网络空间。而在合作主体间自由度总量有限的情况下，这将约束其他市场主体对高层级自由度的获得。在这样的情况下，基于自身及合作伙伴选择的合作性站位推动竞争对于获得新自由度主张市场的进入权利显得尤为重要。

3.2.2　多中心层级化环境下的合作性站位、自由度交涉空间结构性重构、交易伙伴选择与市场结构扭曲

在多中心层级化市场下，多网络层级的市场竞争将带来市场自由度的持续溢出，而主体通过合作性站位引入溢出的市场主体将有利于自身自由度交涉空间的提升，改变市场的网络层级结构，推动市场自由度交涉空间的结构化。基于高市场状态层级所带来的各类利益和潜在市场自由度的提升，不同市场主体可以通过多层级市场竞争、新兴和边缘部门或市场站位的方法引入溢出的自由度，以提升自身的市场状态层级。

然而，不同的市场主体可能面临自由度层级的约束，这使得这些主体有必要通过选择合适的交易伙伴进行市场的合作性站位以推动主流市场的自由度溢出（Williamson，Wu & Yin，2019），带来自身对溢出主体的引入。在制度设计主体间存在自由度层级竞争的情况下，通过自身及合作伙伴在不同中心层级市场的进入资质通道，链接各方利益相关者带动自身及合作网络新兴自由度主张合法化的可能（Maguire，Hardy & Lawrence，2004；Greenwood & Suddaby，2006），并随着新自由度主张群体的扩大，提升自身获得特权自由度交涉权利的可能。这里合作性站位被定义为在市场整体自由度有限的情况下，合作双方通过在不同层级市场的站位推动市场竞争性溢出以及新兴和边缘部门或市场进入能力的形成，带来双方在不同中心层级市场进入资质的获得，从而提升双方在新自由度主张领域获得合法性的可能。自由度交涉空间结构化指合作双方通过合作性站位使得进入新兴和边缘部门或市场的主体形成合作伙伴选择的有限性（即结构化），带来自由度交涉空间的结构性压缩，从而提升站位主体引入溢出通道的可能。

在多中心层级化市场下，多层级的市场竞争将导致各类市场中心的持续升级，带来更高自由度的技术。而低层级的技术和市场中心将随着新自由度主张的合法化形成自由度断层，并随着市场自由度层级的持续升级而被逐渐淘汰，或者进入低自由度的市场。而某些市场主体将通过在不同市场层级的站位，随着新层级技术的引入和不同市场中心群体的链接以合法化新自由度主张，从而不断提升自身的自由度层级以及自由度交涉空间，持续带来自身的技术自由度、市场自由度、法规自由度和文化自由度交涉空间的升级，并随着市场自由度层级的提升而不断带动新自由度主张群体的形成和扩大（Abrahamson，1991，1996）。随着市场中新兴和边缘部门

或市场领域的发展，在制度设计主体间存在自由度层级竞争的情况下，市场中不同领域的更高自由度主张合法化法规将形成，并推动新自由度主张群体的扩大和出现（Abrahamson，1991）。在这样的情况下，合适的合作伙伴的选择及站位将推动主体获得进入多方利益相关者网络的资质，并随着市场自由度层级的提升以及新自由度主张群体的扩大而提升自身网络在新兴市场不同中心的自由度交涉空间。某些主体将由于无法获得合法性支撑而出现持续的自由度通道流失并不断压缩主体的自由度交涉空间从而形成自由度断层。自由度交涉空间的结构性压缩将加速由于市场自由度层级提升而带来的主体自由度网络层级的压缩，带来各类市场主体溢出进入其他主体的生态网络并逐渐被淘汰出市场。

在多中心层级化市场下，制度设计主体由于存在形成更高自由度的需求，将有意愿合法化在新兴和边缘部门或市场站位的主体以提升自身的自由度以及自由度交涉空间，这将推动市场中对应自由度需求群体的扩大并带来对应主体在多中心自由度的升级。由于多类型的市场主体间存在自由度层级的竞争，使得主体必然需要持续通过多层级技术的引入以推动更高层级自由度主张合法性的获得，这将带来某些高自由度的主体随着市场竞争的深化而持续提升自身的技术自由度、市场自由度、法规自由度和文化自由度以及自由度交涉空间。这使得在多中心层级化市场下必然会形成市场状态稳定以及外部支撑程度高的主体（Washington & Zajac，2005；Cowen，2012）。

持续的合作性站位将不断压缩各类市场主体的自由度交涉空间，并不断强化主体的自增强能力，同时结构化各类市场主体的选择空间，带来低层级新自由度主张群体上升通道的持续压缩，从而带来溢出性新自由度主张群体获得特权自由度交涉权利的可能被不断压缩，推动市场结构的持续扭曲。

在多中心层级化的市场下，市场状态稳定表现为市场主体通过技术和运营能力以适应不同层级的市场规范和资质的能力相对较强，而外部支撑程度高则表现为对不同中心部门的渠道规范资质的适应和调整能力强。高市场稳定程度的市场主体其本身的技术、交易结构设计、网络结构规范等能够更好地符合不同层级的市场制度规范，其通常会具有更高的合法性资质以满足不同层级市场的规范，即拥有较高的规范自由度。这样，即使市场在由于消费升级而不断提升部门产品资质规范的情况下，资源渠道使用受限的可能性仍然相对较小。市场设计主体之间市场规范竞争带来的自由度被压缩的可能性较小，即主体拥有较高的网络层级自由度深度。

在多中心的市场系统下，越高的市场层级状态获得外部支撑的程度也会越高。这表明其运行规范和机制具有独特的渠道自由度，运作的规范在市场中具有一定的代表性和认可度。具体表现为运营规范能够满足多个中心主体的规范要求或者在没有获得多个部门法律认可的情况下，企业基于产业链的交易结构设计和规范形成渠道也能够受到多中心制度设计主体以及市场主体的支撑，从而具有较高的部门渠道自由度（包括生产运作的能力以及渠道构建和融通的能力）。这样在存在市场状态竞争的环境下，即使市场主体的运作透明程度和符合市场法律的程度较低，也可能通过合理关系渠道，协调融入不同市场状态主体的规范标准，以实现各方利益群体之间利益的统一。

高度的外部支撑意味着有更多制度设计中心部门的资源支撑渠道，即主体拥有较高的网络层级自由度宽度。而市场状态竞争性权利缺失的主体也会存在高度的外部支撑以及对应市场系统下高度的稳定程度，这使得随着市场的分层和自由度的衍生，通过选择这类主体作为支点核心能够有效融入更多不同类型的层级市场的主体。

合作性站位与自由度交涉空间结构性重构示意图，如图3-1所示。

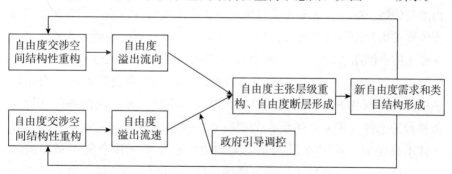

图3-1 合作性站位与自由度交涉空间结构性重构

3.2.3 理论假设

3.2.3.1 主体状态稳定程度

主体状态稳定程度高，表明主体拥有较高的网络层级自由度，使得其能够有效进入更高层级的市场，从而能够让自身的产业链衍生进入更多不同层级的市场中，带动多层级市场的竞争和自由度的溢出并改变市场自由度的流向，推动主体间的模仿从而带动市场自由度升级形成更多高自由度需求的主体。通过这一主体在不同层级市场的合作进入新兴和边缘部门或市场进行站位，能持续引入具有更高自由度需求的市场主体，带动自身新网络层级结构的形成。同时有利于融入更多的高层级的制度设计主体以及消费群体，从而能够通过合作竞争推动新兴制度设计主体以及更大范围的底层消费群体的持续融入，形成独立的产业链配套生态网络，从而提升自身的网络层级自由度以及自由度交涉权利获得的可能。

由于相同类型的市场主体间市场层级状态竞争的存在，市场主体的状态越稳定，网络层级自由度越高，对高层级的市场自由度规范适应的能力越强，高层级的状态规范引入的能力越强，通过产业链主体间的模仿，改善和推进高层级市场及其周边沿着更高自由度交涉空间领域衍生的速度也会越快，改变市场自由度流向的能力越强。随着模仿的持续增强，会推动新的市场主体、资源等要素不断被引入能够创造出更多市场自由度的领域中，新的同层级的市场配套的持续引入会降低同层级生产群体的自由度，市场自由度的提升会抬升消费群体的自由度交涉空间，并不断降低低层级产业链的稀缺性，从而推动产业链层级的持续下沉，进一步推高市场的消费层级，带动高市场自由度群体基数的扩大。

同时，市场的消费升级会持续推动资源投向那些能够带来更高市场自由度的领域，配套资源和产业链也会在相应的领域得以衍生，并随着自由度深度的提升而触及不同部门的制度边界。在配套资源不断流入高自由度深度主体的网络中时，产业链网络的层级会不断下沉，低层级的边缘网络将由于市场和制度边界的约束而不断被淘汰。消费者会随着市场自由度的提升而不断提升自身的消费层级，对高自由度交涉空间的偏好会固化消费者的选择。配套网络资产的层级专用性将导致低自由度深度的市场主体本身在生产配套上进一步受到约束，自由度交涉空间会被不断压缩。这就会导致这些状态层级下降的主体的产业链的解体，并去开拓新的市场或者融入市场稳定程度高的主体的产业链中。这导致市场状态稳定程度低的群体会不断流失到别的市场中，而高市场状态的群体随着配套和自由度的提升而流入现有的市场中，并提升市场整体的自由度和消费结构。

在市场高层级自由度需求群体不断增多的情况下，与稳定程度高的主体合作将能够通过这一主体多层级自由市场的渠道在新兴和边缘部门或市场进行站位，持续在边缘市场引入低自由度的溢出主体以及在高层级市场引入高自由度的溢出主体，从而获得更多的自由度资源和配套流入，并在不同的市场层级网络中构建出更深层级的市场自由度。同时，新兴市场的发展也会推动更多的新兴制度利益部门的形成，并推动高层级网络产业链在不同新兴部门和市场衍生。高网络层级的产业链能够为市场提供更多高市场自由度交涉空间的产品，将推动自身伴随着配套的升级、消费者的持续流入而提升自身在新兴产业网络中的层级位置，并推动主体在新兴制度设计主体产业网络中的衍生和在制度市场上的影响力。

　　稳定程度高的主体网络层级的自由度程度高，随着产业链的下沉能够持续推动网络层级的上移，这样受到消费升级带来的影响可能较小，并能够持续推进在制度边界同特权依附产业链群体的竞争，并随着产业链层级下沉推动特权自由度的压缩，带来特权产业链依附群体的边缘群体的自由度被压缩，并导致特权依附主体产业链的转移和解体。市场自由度需求的提升会推动特权依附主体利用高层级市场配套对低层级网络层级配套的替代，这就会带来特权依附产业链低层级网络的自由度交涉空间的下降并压缩特权依附主体的网络层级和特权要素自由度。

　　某些拥有特权资质通道的群体在市场的产业链升级的压力下会流入稳定程度高的主体的产业网络中或转移到在低层级市场站位的主体网络中，并推动低层级市场的竞争。在这个过程中，状态层级稳定的主体将能够随着市场自由度的持续提升，不断地压缩特权自由度并最终带来特权群体产业网络高层级配套向低层级网络转移。在这样的情况下，特权产业链配套和其他低层级的市场主体的转移将推动周边市场层级的进一步提升，从而带动市场整体层级的升级。

　　随着竞争的持续深入，自由度程度高将能够有效解决市场自由度上升、成本结构上升的问题。在这个过程中，随着特权群体的网络层级自由度的压缩和低端配套的解体，稳定程度高的主体将能够不断地融入特权市场通道，并推动消费群体持续转移进入自身的生态网络中。这使得其会随着市场竞争的不断深入以及市场自由度的不断提升集聚起更多特权群体的资质网络和资源，并不断随着引入的新自由度主张群体基数的增长带来的市场宽度延展而融入更多高层级自由度利益部门的利益规范。这使得主体更有可能随着新自由度主张消费群体的形成而建立起高层级市场规范的资源配套以及更多的利益部门规范和资质的许可，并随着更多高自由度配套的引入而提升自身的网络层级自由度。这样，通过和稳定程度高的主体进行合作，主体将能够随着主体同其他市场主体的竞争带来自由度层级的持续提升；通过站位不断引入溢出的群体，提升自身的市场状态层级。

　　随着引入溢出群体的增长以及市场自由度的升级（如在新兴领域不断引入溢出的群体），各类存在模仿能力的主体将为了获得更高的自由度交涉空间而进入新兴领域。由于新兴市场主体同稳定程度高的主体存在较高的资源和资质互补性，这一互补性将带来主体稳定程度高的市场主体整体产业需求的提升以及自身自由度交涉空间的进一步提升。同时，随着新兴部门的发展，稳定程度高的市场主体将由于相应的合作能获得进入新兴市场部门的资质，从而能够随着市场的发展而提升自身的自由度交涉空间。在站位主体能在边缘市场获得更高自由度交涉空间的情况下，溢出进入边缘市场的群体也将模仿站位主体的行为以获得更高的自由度交涉空间。更多主体持续进入边缘市场将带来边缘市场自由度层级的持续升级。市场的升级将带动边缘市场中某些具有更高自由度需求的消费主体以及生产主体进入层级状态稳定程度高的主体网络中，带来稳定程度高的市场主体的网络状态层级的进一步提升。同时，边缘市场的不断发展，将持续改变市场的结构，稳定程度高的主体将能通过站位主体的合作获得进入边缘市场的渠道资质，并提升自身在新兴和边缘部门或市场的自由度交涉空间。这使得站位主体和主体稳定程度高的市场主体的合作网络将由于相互之间自由度升级的强化而实现相应市场网络的自由度交涉空间的不断提升。

　　政府引导形成的自由度主张的相似性将提升自由度主张认同。合理的自由度层级编排推动更多中心层级主体自由度主张相似性的形成，有利于推动多中心市场的文化融合和自身网络位置提升获得特权的可能。在面临市场状态竞争的情况下，随着产业链网络层级的下沉、产业生产配套主体和消费群体的持续转移，新兴制度设计部门的形成将导致特权要素供给者在市场网络层级自由度下降并带来状态层级压缩。最终，市场竞争导致主体核心网络的自由度交涉空间压缩。这样主体状态稳定的主体构建的网络将形成新的网络支点。

　　为提升自身的市场状态层级，合作需求主体更有可能在核心网络中引入状态稳定的主体，并通过站位引入溢出的市场主体和特权资质以应对持续的市场升级带来的网络层级自由度的上升，导致市场高自由度群体基数扩大并带动双方获得进入不同层级市场的资质。在这个过程中，主体通过站位融入了更多具有高自由度交涉空间需求的新兴和边缘部门或市场群体，使得权利缺失群体将随着新的网络支点特权自由度交涉权利的获得而获得更高的特权自由度。而原有的特权依附主体将会随着产业链的转移在不同的市场形成特权网络。这样，不同的市场主体包括制度设计主体将会更加有意愿去利用更多的资源去成为层级稳定的群体从而获得相应的状态层级提升渠道以及资源引入的渠道。

市场主体本身越稳定，其高度的自由度所附加的集聚能力越强，主体利益和市场状态提升会产生高度的一致性。在这样的情况下，相应主体的监管需求和产生投机风险的可能就相对较小。

> **假设 1**：企业通过同主体状态稳定程度高的主体进行合作性站位更有可能推动新市场结构和接口的形成，并获得进入新兴和边缘部门或市场的资质或特权自由度的交涉权利，从而获得更高的自由度供给。

3.2.3.2 外部支撑程度

在多中心层级化的市场系统中，市场设计主体和各类市场主体都有意愿和渴望去提升自身的市场状态层级。在主体状态稳定程度较高的群体之外，市场设计主体会更有意愿同那些受到高度外部支撑的群体通过合理的利益交换获得这类主体高自由度宽度的渠道规范资源以推动自身高层级自由度交涉权利的获取。企业通过和这一群体的合作，降低自身的权利约束，将有利于更快地提升市场的层级和自由度，从而推动市场自由度的持续升级。企业通过相应主体的资质渠道进入新兴和边缘部门或市场进行站位，将能够持续引入具有更高自由度需求的市场主体，带动自身外部支撑程度的提升，并更快地推动主体同特权群体的融合。高层级新兴产业的形成以及各类产业链网络和配套的转移，将带来特权群体产业链的重构和自身新自由度主张特权的获得。

在市场中存在自由度竞争的情况下，市场设计主体以及资源提供者会有意愿去融入外部支撑程度高的群体以获得进入不同中心部门的资质。在自身无法获得不同部门权利资质的情况下，主体通过高外部支撑群体的资源渠道投入资源，将能够以更低的成本获得更大范围的不同部门和层级的消费群体的持续融入，并不断抬升和聚合融入群体的自由度。这有利于各类市场主体通过自由度宽度高的主体的部门渠道获得更多的市场自由度。这会更快地推动对应于不同部门的市场群体的更高自由度配套的引入，并加速推动低层级产业链溢出下沉并进入低自由度的中心部门。在市场自由度升级不断挤压自身自由度空间和资源获取的情况下，其他类型的主体也将持续涌入和这一主体合作，并在可能的情况下更快地推动市场升级，带来市场的竞争性溢出。竞争的升级能够有效降低市场中低层级产品的稀缺性，并推动产业链溢出下沉并进入低自由度部门从而带来更多高自由度消费群体的形成。由于获得了多中心部门的支撑，合作的市场主体将能通过这一主体的渠道获得在新兴部门和边缘部门的站位资质渠道。主体将随着市场自由度竞争性的溢出持续在新兴部门和边缘部门引入溢出的主体并在不断积累自身自由度的情况下推动新兴部门和边缘部门自由度的升级。而支撑性的市场主体也将由于站位主体在新兴和边缘部门或市场的发展而获得更高的自由度交涉空间，获得进入更多层级的不同中心市场的自由度。

同时，随着多类型的群体通过外部支撑程度高的主体的市场渠道实现快速的市场自由度的提升，带来高层级消费群体增多，将推动高网络层级自由度的市场更快地形成。各类市场配套和制度设计主体也将由于对高自由度交涉空间的偏好和对更高自由度市场层级的需求而会持续地被引入新兴和边缘部门或市场领域。部门内新兴领域的形成将持续地推动更多资源集聚到相关领域，并更快地推动新兴领域的产业链的衍生和新兴部门的形成。这会进一步推动高层级自由度的产业网络的形成，并推动低层级消费市场的竞争和降低低层级消费市场的自由度交涉空间。在这个过程中，通过这一主体引入的市场主体越多，基于这一主体而形成的高层级的新兴市场主体也会越多，随着市场升级而形成的外部渠道的支撑也将持续升级。随着外部支撑渠道的升级，高外部支撑程度的主体也将能够不断地融入新兴的市场中心部门以提升自身在不同部门和层级的支撑程度。

外部支撑程度高的市场主体具有较高的多中心支撑，这有利于合作方通过在新兴和边缘部门或市场的站位，在部门内自由度资质有限的情况下，通过对应主体的渠道随着自由度的升级而持续引入具有更高自由度交涉空间需求的市场主体，带动自身外部支撑程度的提升。随着市场自由度的升级，更多的新兴和边缘部门或市场主体持续进入站位主体的网络中，将同时为外部支撑程度高的市场主体带来进入新兴和边缘部门或市场渠道的资质。同时，市场自由度竞争性升级将导致外部支撑程度高的市场主体的低自由度支撑中心的持续解体，给这一主体带来外部支撑程度降低的压力。主体通过同在新兴和边缘部门或市场存在资质的主体的合作，将有利于推动自身随着站位主体自由度交涉空间的提升而提升自身在新兴和边缘部门或市场中心的自由度交涉空间。

企业通过合理的自由度层级编排和政府对新自由度主张的合法化将推动更大范围中心层级主体自由度主张相似性的形成，带来多中心市场的文化融合和自身网络位置提升以获得特权的可能。随着更多层级的新自由度主张的引入，市场的整体层级将由于更高自由度交涉空间需求群体的引入而不断抬升并推动低层级特权依附主体的溢出。特权依附主体产业链网络层级的自由度也将随着低层级产品稀缺性的下降和市场整体自由度的上升而不断压缩。自由度交涉空间的下降带来特权产业链边缘的群体由于自由度压缩的压力或者转移到低层级的市场中，或者转入现有市场能够有效利用其本身特权资质的产业群体的网络中。高层级的产业配套将进入低端产业链中，并压缩特权依附主体产业链网络层级的自由度。这样，市场网络层级的快速升级，将更快推动特权依附主体的层级下沉、转移和解体，并带动更多的群体获得融入特权产业的资质。这样同时也会持续压缩外部支撑程度高的主体在低自由度中心部门的自由度交涉空间。

消费群体的转移、新兴制度设计部门的形成以及网络层级位置和结构的改变，使得特权要素供给者面临自身在制度市场状态层级的流失。在状态层级存在竞争的情况下，这些特权要素供给者有意愿在自身的核心网络中引入具有高网络层级自由度的市场群体，而外部支撑程度高的群体由于聚合了不同类型高层级的市场主体，将形成独特的新兴网络支点。这使得特权主体会更有意愿为这类主体提供更多的特权自由度以获得新兴网络支点的市场通道，并通过这一渠道抬升自身网络的层级自由度；或者迫于市场状态层级流失的压力，选择与具有较高网络层级自由度的主体合作。外部支撑程度高的群体或者新的市场群体对特权自由度交涉权利的获得也会让市场中更多的群体获得更高的自由度交涉权利。资源提供者在这个过程中通过外部支撑程度高的主体获得了在新兴和边缘部门或市场中心市场的站位，能够持续吸引中心市场溢出进入自身新兴和边缘部门或市场的网络中，提升自身在市场中的网络层级自由度和外部支撑程度。在这样的情况下，主体通过和外部支撑程度高的主体合作更有可能通过推动自由度的升级和溢出带来制度特权的开放。

假设2：外部支撑程度越高，越可能通过同合作伙伴的合作性站位推动新市场结构和接口的形成，并获得自由度交涉空间的优势或特权自由度的交涉权利，从而获得更高的自由度供给。

3.2.3.3　主体状态稳定程度和外部支撑程度

在多中心层级化的市场中，主体状态稳定程度和外部支撑程度会成为市场主导者同市场主体交易的重要参考。相比于外部支撑程度高的群体，高状态稳定程度的群体在市场状态层级提升的过程中更能保证网络层级的自由度，并且其能够高效地利用相应的网络层级的自由度以持续地引入高层级的市场群体，推动高层级网络产业链的衍生，推动新兴利益部门的衍生和升级，提升自身在新兴高层级网络中的位置层级。主体状态稳定程度高意味着能够有效地利用周边市场的模仿，推动市场层级的提升和市场网络的延展，并快速触及市场的特权制度边界。市场自由度的快速提升，将不断地压缩不同主体的网络层级自由度，并带动低端产业链的持续下沉。高状态稳定程度的群体在这样的环境下对外部不同层级的网络资产的专用性程度的适应能力强，网络层级深度相对较高。状态稳定程度高的主体带动市场的整体模仿升级使特权群体的市场自由度被压缩。在这样的情况下，相应配套的投资能够使主体获得更多的自由度回报，并推动特权的解体和转移。这将使市场主体获得更多特权权利。外部支撑程度高的市场主体更可能随着市场网络层级的提升，随着新兴产业部门的形成和产业链的衍生而解体和转移。通过同这类主体合作，有利于部门内的网络层级持续快速升级；通过部门内的站位，有利于持续引入溢出的新兴和边缘部门或市场中的群体，并提升稳定程度高的主体的自由度深度。这使得同主体状态稳定程度较高的个体进行利益交换比同外部支撑程度高的个体进行利益交换在市场目标上具有更高的可预期性以及可控性。在没有高自由度深度群体或者多类型的主体在不同中心站位的情况下，外部支撑程度高的群体将由于市场的持续升级而出现低自由度中心部门的解体和溢出，带来不同中心部门的支撑程度的持续下降，并不断压缩自身的自由度交涉空间。在各制度设计主体间存在竞争的情况下，主体自身在不同新兴和边缘部门或市场自由度交涉空间的提升速度将决定主体随着市场整体自由度的升级而持续引入溢出的市场主体并提升自身外部支撑程度的提升速度。这也就意味着，主体状态稳定程度是市场主体状态层级形成的主要因素，外部支撑程度则是需求端的重要影响因素，其会受到更多非正规规范、关系渠道资源的影响。

> **假设3：** 企业通过同主体状态稳定程度高的主体进行合作性站位，更有可能推动新市场结构和接口的形成，并获得进入新兴和边缘部门或市场的资质或特权自由度的交涉权利，从而获得更高的自由度供给。

主体状态稳定程度的市场价值也会随着外部支撑程度的改变而改变。在层级化的市场下，市场状态在不同的市场设计主体或资源提供者之间会存在竞争。在这个过程中，不同的市场主体会由于产业网络技术升级带来市场自由度的不断提升。市场的消费升级将导致市场内低市场层级的群体不断转移和解体，推动产业链下沉到低端市场，并推进周边市场的产业竞争和升级。这样，随着市场层级的提升，低端市场的高层级自由度的主体将进入高层级的市场中，并抬升高端市场的自由度。

通过在新兴和边缘部门或市场的站位，随着市场自由度的提升，自由度深度高的市场主体更有可能引入高网络层级自由度的配套资源，推动同制度特权群体的深层次竞争，并带动高网络层级市场的形成。新兴市场的站位将能够推动新兴领域的发展，而新兴领域的发展将带来市场整体自由度的升级，并提升稳定程度高的主体在新兴领域进入的自由度，使主体获得新兴市场更高的自由度交涉空间。同时，更多新兴市场主体的形成，将抬升对稳定程度高的市场主体的资质通道的需求，带来主体在更多新兴产业网络的融入，从而抬升稳定程度高的市场主体的状态层级。而这将同时强化站位主体获得进入不同层级市场的资质通道。边缘市场的站位将能够推动主体引入溢出并进入低端市场的主体，推动低端市场自由度的竞争性升级，并进一步带动更多具有高自由度交涉空间需求的主体进入中心市场，降低中心市场自由度的稀缺性，并持续推动中心市场主体溢出进入新兴和边缘部门或市场。随着新兴和边缘部门或市场的持续升级，稳定程度高的主体将由于合作主体在边缘市场的站位而获得进入边缘市场的资质，从而提升自身在不同中心层级市场的支撑程度。

在这个过程中，如果稳定程度高的主体其本身还存在比较高的外部支撑程度或者和别的外部支撑程度高的群体存在合作，那么这一群体就能够有效地整合更大范围的资源并获得进入不同部门市场的资质。这就能够让这一市场主体利用整合部门资源资质的优势以更快的速度推进不同类型市场的进入，带动消费群体自由度的提升。并且，推动低层级产业链下沉进入边缘支点核心，从而更快地推动低层级市场的竞争，提升低层级市场的自由度。在市场设计主体间存在制度层级竞争的情况下，中低端市场自由度的稀缺程度的下降将推动更高自由度法规的形成，并推动高层级自由度资源向高自由度的领域转移，带动更多的高层级自由度群体的出现。同时，更多高自由度的资源也将推动各类主体投资于高网络层级自由度的领域并形成更多高自由度的消费群体。在高层级市场资源有限的情况下，更多的高自由度需求主体的出现将推动新兴支点核心网络的形成。更多的不同类型市场消费群体自由度的提升将更快地推进市场层级的提升，并推进低市场自由度市场群体产业链的解体和转移，进而推动周边市场的竞争和消费升级。

随着竞争的深入，外部支撑程度高的主体将不断通过广泛的支撑渠道推动新兴产业链对不同市场的进入并带动市场快速升级，不断降低低层级产业链自由度的稀缺性，并推动技术升级和高层级自由度市场主体的引入，带来市场整体的升级和推动低层级产业链的下沉。这就会带来更多新类型的消费群体以及新的产业配套和更多的高层级生产群体。在自由度有限和存在竞争的情况下，制度设计主体将进一步提升自身的法规自由度，以推动高层级自由度资源的合理利用。主体状态稳定程度高的群体在这个过程中由于能够通过引入的配套主体形成更多的自由度，这样更有可能获得这些新类型的制度设计主体的支撑。同时，随着市场整体的消费升级，能不断地将那些高层级的消费群体引入具有高自由度交涉空间的产业网络中，从而提升市场主体的稳定程度。外部支撑程度越高，推动市场整体自由度升级的速度也将越快，高层级产业链衍生和新兴部门形成的速度也会越快，这样通过外部支撑程度高的主体的渠道进入不同中心部门进行站位，主体在新兴和边缘部门或市场产业网络引入不同层级消费群体的速度也将越快，推动自身多层级市场网络形成的能力也就越强。这将带来自身产业链在市场中整体位置层级的改变，同时降低特权要素供给者的网络层级自由度。

这使得企业通过和高状态稳定程度的主体的合作，能够通过站位随着部门内的升级持续引入溢出的主体。通过和外部支撑程度高的主体合作将使得主体有机会通过对应主体的渠道在不同中心部门进行站位，并随着市场更快的自由度升级和溢出持续进入自身在不同制度设计部门的网络并提升自身的外部支撑度。主体状态稳定程度和外部支撑程度高的主体将由于相应主体在不同中心部门的站位而随着更快的市场自由度升级带来更多的进入新兴中心部门的资质。这也将导致某些低状态稳定程度和外部支撑程度的市场主体由于持续的技术升级带来更多新兴部门的形成，在无法持续提升自身技术的情况下将无法获得进入更多层级新兴和边缘部门或市场的资质，使得主体的网络层级的自由度交涉空间将被持续压缩。

制度设计主体通过合理的自由度层级编排和对新自由度主张的合法化将推动更大范围中心层级主体自由度主张相似性的形成，带来多中心市场的文化融合。随着更多层级新自由度主张的引入，处于市场制度边界的群体将由于同制度特权群体的持续竞争而导致特权自由度的持续压缩，并最终带来特权依附主体产业链的解体和融入自由度深度高的生产群体中。这将随着自由度竞争性溢出推动在新兴和边缘部门或市场站位的主体获得更多的特权资质。在市场制度层级存在竞争的情况下，高层级网络衍生形成的新兴制度设计主体以及产业网络的分流将推动特权群体自身网络层级自由度的下降，并由于消费群体的升级而带动市场对特权群体合法性认同的下降。

随着高层级配套的形成、新兴制度设计主体的出现、高层级市场消费群体对现有特权依附主体认可度的下降以及合法性认同的下降、更多类型的制度设计主体的利益融入，通过和网络层级、外部支撑程度高的群体合作更有可能引入不同层级和中心的溢出主体，并形成多层级和多中心的网络支点，通过推动自由度升级的压力降低特权群体的网络层级自由度，倒逼特权自由度交涉权利的开放。在这个过程中，由于拥有更高的外部支撑程度这个过程变得更快。

> **假设 4：** 通过合作性站位，主体状态稳定程度比外部支持程度更有助于推动新市场结构和接口的形成，提升主体在新市场中的自由度交涉空间的互补性，从而状态稳定程度高的主体更有可能获得更高的自由度供给。

3.3　方法论

3.3.1　抽样

在本研究中，笔者使用 2012 年"中国世界企业调查"的数据进行分析。该调查称，数据收集于 2011 年 12 月至 2013 年 2 月。在此期间，共有 2 700 家私营企业和 148 家国有企业被成功地纳入了样本。该调查采用分层随机抽样的三级分层方法进行样本选择，包括行业、机构规模和地区。由于缺少数据，一些样本公司在我们的回归过程中被自动删除。

由于各类市场主体的合作网络的形成可能来源于多阶段的合作衔接（Dorobantu，Lindner & Muillner，2019），但在选择合适的合作伙伴的过程中，各类市场主体形成的准则和方法会相对标准化，并且应具有相应的法规，以保证主体市场的状态层级不会出现损失。因此，本研究利用企业和金融系统的合作以反映金融系统中站位主体在市场中引入溢出的过程和选择机制。

3.3.2　因变量

本研究将金融支持即获得的授信额度作为衡量主体获得的自由度支撑程度，自由度越高表明主体拥有的自由度交涉空间和权利结构越高，其中一个重要的原因在于不同的授信额度反映了不同层级市场主体对合作方运营、技术等不同中心市场的自由度形成能力和潜力的认可程度，如具有更高自由度的技术更有可能获得希望提升自身市场状态层级的VC的投资。

传统的基于效率型市场制度逻辑的研究发现，金融市场资源提供者遵循两种类型的业务事务逻辑：通过资产抵押贷款使个人风险最小化的效率逻辑，或通过使用信用或政治支持担保使他们从金融市场获得信贷扩展的风险最小化的社区逻辑。

在现有的研究逻辑下，获得外部资源的支撑越多，说明这类主体在提升市场制度设计主体的市场层级状态的能力以及满足相应的规范以应用相关资源的资质权利越高，即能够更加合法地利用利益交换以制造出和融入新的状态规范以进入具有更高自由度交涉空间的生产群体网络，并通过利益交换满足各种类型的制度设计主体、资源提供者的利益以提升自身的自由度交涉权利。这使得相关主体能够通过自由度的获得以推动市场自由度层级的提升，带来更多同类型自由度形成能力主体的形成，从而为资源提供方引入更多具有高自由度的市场主体提供更多选择。

本研究使用不同类型公司的信用额度的总价值来表示主体能够有效利用自身资源进行权利交涉的程度，以体现主体在对应市场下的自由度交涉空间。

因为在这样的市场逻辑下，资源的提供者会比较有意愿去选择那些能够在更多领域获得更高自由度资质权利的主体。在自身利益同市场设计逻辑一致的情况下，为能在溢出性升级的市场中获得进入新兴市场的资质权利，通过同这些在不同领域具有高自由度的主体进行合作性站位，能够有效保证自身不会随着市场中各类主体自由度的升级而被淘汰。由于市场中市场状态层级竞争的存在，包括市场制度设计主体之间的竞争，市场主体在进行结构化拓展的情况下，需要获得和整合各层级资源利用和交易的机会和权利，这就要求市场主体合法地满足多方制度设计方或者资源提供者的资质权利，包括各类政府的背书等。

在现有的指标下，市场主体获得的授信额度越高，说明同制度性规范背书的一致性程度越高，从而获得进入高层级资质渠道的可能性越高，以及越可能获得独立的自由度交涉权利。本研究在分析过程中对变量进行了标准化。

3.3.3　独立变量

3.3.3.1　主体状态稳定程度

本研究利用抵押品价值来反映主体在多层级市场的稳定程度。在一个层级化的市场中，抵押品的价值越高说明在这个市场中交易群体的市场等级越高，等级越高的产品其价值形成的来源在于其拥有的自由度资质能被更多的具有合法的高市场状态层级的规范所接受，因此能够获得越多高层级市场的进入权利资质。

在一个被更高层级市场接受的抵押品中，其包含了更多高层级自由度需求主体的自由度满足能力，这种自由度的集聚能够保证相应的产品在市场中被交易的时候具有较高的稳定程度，在市场自由度持续升级的环境下，由于抵押品价值越高其自身所集聚的利益主体的权利资质越多，从而随着市场自由度升级而带来资质规范价值在短期内消失而不被市场认可出现价值消失的可能性就越小。

在对应的自由度形成范式的市场下，价值相同的抵押品带来更多的额外自由度，理论上说明主体在物质性自由度外还拥有更多更高的具有合法市场状态的市场主体以及自由度资质的支持，如更大的工程必然会投入更多具有高技术自由度的设备配套，具有同更多不同层级市场主体衔接的能力，这对于资源提供方通过资源供给带来市场自由度层级提升并抬升自身自由度层级的目标一致，从而获得更高的自由度支持。而随着合作主体的升级，其将为资源提供方获得进入更高层级的市场渠道提供潜在的资质。

在本研究中，我们使用抵押品的价值来衡量抵押贷款的自由度交涉空间，为了控制总体规模的影响，我们在回归分析中标准化了抵押贷款的价值。

3.3.3.2　外部支撑程度

外部支撑程度主要体现为不同类型的市场主体在不能够有效获得正规的、合法的市场状态的情况下，仍然能够获得不同类型部门的渠道认同，并获得对应渠道部门的权利资质。这种认同主要来源于外部不同类型的渠道资源对其本身社会运作模式、权利形成结构和价值形成机制的认同。在本研究中，基于市场主体状态的形成机制以及对相关支撑群体带来状态层级提升的潜在可能，研究定义了两种类型的支撑结构，一种是结构性的外部支撑，一种是规范性的外部支撑。结构性的外部支撑体现为外部支撑的群体已经结构化地融入相应市场主体的设计交易框架中。规范性的外部支撑主要体现为依据市场主体本身的历史、交易范式以及交易对象的层级而形成的信用刻画，以表明其在市场自由度升级的情况下，相应的渠道或者资质由于市场的倒逼而导致这类主体渠道价值消失的可能性。

本研究利用国有企业投资的股份百分比来衡量政府的政治支持程度，即系统的结构性支撑程度。通常而言，国有企业拥有比较高的市场层级以及多样化的市场渠道，与高市场状态的主体进行合作意味着相应的市场主体的规范和行为调节范式是有利于这类企业在市场中提升认可度的。大型国有企业的投资意味着在现有或者未来的制度体系下很可能会形成基于这类新的市场主体状态形成方式而构建的规则和基础设施。通常投入的股份越多，说明相关市场主体在进行利益和关系资源投入的过程中对未来可能带来的市场状态的改变的期望和预测也会更高，这样在对应的市场下更有可能有效满足主流市场中多中心主体的利益并获得国有企业以及制度设计中心主体的资质背书。更多高层级主体的资质背书使得主体能够在同等资源投入的环境下获得更多进入各层级市场的自由度权利资质，降低主体在不同层级市场出现违约的可能性，从而更有可能获得更高的自由度，并为合作的主体获得进入更高层级的市场提供了潜在的资质渠道。

本研究用信用水平高低来测定企业在现有市场体系下是否具有高度规范性的外部支撑和认可程度。相关的利益主体以及资源提供方愿意为这一市场主体提供的信用支撑越高，说明同这一市场主体进行利益交换而融入的相关市场主体的市场状态在一定程度上更加符合未来的市场状态形成趋向或者在长期的市场中由于网络的约束，其自由度形成的来源是相对稳定的，并可能拥有获得进入更高层级市场的资质渠道。和这类市场群体进行利益交换存在较高的市场状态层级提升的可能，如通过这一利益交换可以把更多的具有类似稳定状态的市场主体聚合到一起，或者能够通过这一群体的规范和结构化的运作融合进更多的符合未来发展需求的群体，同时抬升市场的自由度层级，带动更多具有类似自由度层级主体的形成，从而为市场制度设计主体和资源提供方提升自身市场状态的渠道以及构建起更高的市场状态层级提供可能。这样在相同信用水平下如果带来更多额外的自由度，理论上说明主体在对应的信用水平下还可能拥有更多高自由度社会主体的支持，从而为主体提供了社会层级上升的社会阶梯，同时保障了主体自由度价值随着社会自由度的升级而能够得以延续，同时为合作的主体获得进入更高层级主体的市场提供了潜在的资质渠道，并为抬升市场整体的层级提供了基础。

3.3.3.3　控制变量

本研究将公司层面和产业层面的相关数据列为控制变量，因为这些指标影响公司直接获得外部金融支持的能力。在公司级别，主要包含以下控制变量，本研究按公司成立的年份来计算公司的年龄。本研究还增加了国内和国外的私人股份在公司所有权中的控制变量，这在一定程度上反映出外部对公司的支撑程度。为了考虑公司的运营能力，研究还将经理的经验包括在内，相关指标定义为经理在部门的工作经验。本研究将公司是否有质量认证作为企业在质量管理领域的状态，通过这一指标可以反映企业是否拥有国际公认的质量认证。为了控制企业的偿债能力，本研究将企业之间的依存关系即附属关系作为控制因素，通过企业是否隶属于较大的企业来衡量，通常隶属于较大公司的企业表明大型企业在建立新的外部支撑的需求上得到提升，作为大型企业市场状态构建需求拓展和层级提升的一种可能，在一定程度上会被认为具有潜在自由度提升价值，这可能代表企业在结构性的支撑上水平相对较高。本研究用上一会计年度末的固定员工和全职员工来衡量员工数量，用上一会计年度的总销售额来衡量总销售额，以控制企业规模所带来的影响，通常销售额越高，主体在市场上的状态层级就越高，因此也越容易获得更多元和高层级的资源支撑渠道。在回归分析中，本研究将所有的变量都进行了标准化。高层管理者的特征也可能影响企业获取资源的资质，因此本研究将性别作为一种控制因素，以高层管理者是否是女性来衡量。

行业层面的变量包括行业特征（由行业分类衡量）和企业位置（由地区分类衡量）。从结构化的市场状态层级的形成角度看，一个地区的政府制度会影响企业的经营以及对资源的获取和使用能力，因此我们将公平感知纳入其中，以法院制度是否公平、公正、廉洁来衡量该制度是否公平。本研究用获得营业执照和许可证的难易程度作为一个控制因素来感知地方政府的联系成本、法律的规范程度和企业运营的结构化便利程度。最后，本研究将政治不稳定和腐败视为一种控制因素，因为高程度的政治不稳定和腐败可能会增加企业的经营风险，提升市场上不同类型市场主体合作的难度，提升企业对外部支撑的需求程度进而影响企业获得外部资源支持的能力和未来对企业新的市场状态的形成。在回归分析中，除虚拟变量外的所有变量都是标准化的。变量的测量值列在以下相关表格中。

表 3－1 给出了描述性统计数据。相关表格显示的结果并不出人意料，大多数变量的相关性较低，但一些基于感知的变量的相关性较高。例如，政治不稳定与腐败的相关系数几乎为 0.85。将我们的模型去掉这两个变量后，因变量和自变量之间的关系并没有发生显著的变化，所以本研究认为这些变量在我们的分析中并没有造成严重的问题。其他变量之间的相关性相对较小。

3.4　抽样结果

3.4.1　核心变量

表 3－2 显示了金融支持的回归结果。模型 1 只包含控制变量，在模型 3 和模型 5 中，假设使用回归模型一次只输入一个测试变量，模型 4 和模型 6 显示主体状态稳定程度和外部支撑程度之间的互补效应。

在模型 3 中，抵押（主体稳定程度）（$b=0.464$，$P<0.001$）和信贷（外部支撑度）（$b=0.125$，$P<0.001$）的系数估计为正，与 0 有显著差异，因此抵押贷款和信贷水平较高意味着更容易在较高的资质层级上获得外部资源的支撑。因此，从外部主体的支撑程度来看，假设 1 和假设 2 成立。

在模型 5 中，抵押（主体稳定程度）（$b=0.498$，$P<0.001$）和政府支持（外部支撑程度）（$b=0.360$，$P<0.001$）的系数估计为正，与 0 有显著差异，因此较高的主体稳定程度和外部支撑程度使之更容易拥有更高的资质以获得外部资源的支持。因此，从结构性稳定程度的角度来看，假设 1 和假设 2 成立。

假设 3 认为主体稳定程度高有利于企业更加高效地使用和获得各类资源，公司本身的抵押品价格作为主体市场层级资质稳定程度的重要体现工具，反映了主体的稳定程度越高，企业越可能进入高层级市场去获得和利用各类资源。为了进一步检验假设 1，我们使用 F 检验来校验在金融支持

表 3 - 1　变量描述性分析

变量	均值	标准差									
贷款授信	1.50E+07	9.10E+07									
抵押	2.22E+07	9.66E+07	0.67								
信用	0.192	0.825	0.25	0.15							
公平	2.479	1.492	0.05	0.06	0.00						
许可证	0.300	0.873	-0.02	0.01	-0.07	0.00					
政治不稳定	0.124	1.238	-0.11	0.01	-0.02	0.09	0.56				
腐败	0.158	1.235	-0.03	0.02	-0.03	0.09	0.53	0.85			
员工数量	235.646	1 120.318	0.64	0.63	0.08	0.05	0.04	-0.10	-0.10		
总销售额	1.61E+08	1.31E+09	0.33	0.35	0.07	0.01	-0.02	-0.03	-0.02	0.34	
性别因素	1.874	0.523	0.02	0.00	-0.01	-0.02	0.07	0.06	0.05	0.02	0.00
质量认证	1.274	1.106	-0.01	0.00	-0.04	0.01	0.01	0.00	0.01	-0.02	-0.01
经验	15.774	8.322	0.11	0.13	0.05	0.13	0.11	0.11	0.10	0.13	0.07
年龄	1 944.982	325.879	0.00	0.00	0.02	-0.01	0.01	0.00	0.00	-0.01	0.00
私人股份	91.826	24.507	-0.09	-0.02	-0.09	-0.06	-0.02	0.01	-0.06	-0.06	0.00

续表

变量	均值	标准差									
外国股份	3.768	16.895	−0.03	−0.01	0.03	0.07	0.05	−0.01	0.03	−0.02	−0.03
政府或国有股	3.007	15.444	0.36	0.18	−0.02	0.02	0.00	−0.07	0.01	0.31	0.13
地区	12.680	7.170	0.03	−0.08	0.18	−0.17	−0.20	−0.15	−0.13	−0.07	−0.06
行业	36.187	15.968	0.01	0.03	0.06	0.03	0.01	−0.02	0.00	0.02	0.01
附属关系	1.867	0.339	−0.08	−0.16	−0.11	−0.10	−0.01	−0.03	−0.04	−0.16	−0.01
质量认证	1.274	1.106	−0.03								
经验	15.774	8.322	0.02	−0.02	−0.01						
年龄	1 944.982	325.879	−0.01	0.01	0.02	−0.02	−0.72				
私人股份	91.826	24.507	0.01	0.07	0.03	0.02	−0.30	−0.02			
外国股份	3.768	16.895	−0.01	−0.04	0.05	−0.01	−0.02	−0.06	0.01		
政府或国有股	3.007	15.444	0.03	−0.07	0.07	0.04	−0.06	−0.05	0.08	−0.08	
地区	12.680	7.170	−0.08	0.00	−0.12	0.05	0.10	−0.10	−0.08	0.01	
行业	36.187	15.968	−0.01	0.07	−0.03	−0.02		−0.05	0.08	−0.08	
附属关系	1.867	0.339	0.00	0.05	−0.03	−0.02		−0.10	−0.08	0.01	−0.06

表 3 - 2 金融支持的回归结果

	金融支持						
	M1	M2	M3	M4	M5	M6	M7
公平	0.029 0 (0.023 3)	0.018 6 (0.025 4)	0.018 8 (0.025 0)	0.015 4 (0.024 3)	0.018 6 (0.024 8)	0.020 6 (0.024 7)	0.018 6 (0.023 0)
许可证	−0.003 84 (0.030 4)	0.004 74 (0.032 4)	0.007 83 (0.033 4)	0.007 81 (0.032 4)	0.003 89 (0.031 7)	0.009 10 (0.031 6)	0.016 8 (0.030 6)
政治不稳定	−0.193*** (0.050 9)	−0.231*** (0.053 3)	−0.250*** (0.052 9)	−0.266*** (0.051 4)	−0.195*** (0.052 6)	−0.208*** (0.052 6)	−0.256*** (0.049 3)
腐败	0.177*** (0.050 0)	0.210*** (0.054 7)	0.228*** (0.054 8)	0.247*** (0.053 2)	0.178** (0.053 8)	0.180*** (0.053 6)	0.221*** (0.050 6)
员工数量	0.447*** (0.030 1)	0.362*** (0.039 1)	0.371*** (0.038 5)	0.397*** (0.037 6)	0.318*** (0.039 2)	0.248*** (0.047 1)	0.219*** (0.043 7)
总销售额	0.062 5* (0.029 0)	0.059 1+ (0.031 4)	0.053 2+ (0.030 8)	0.054 3+ (0.029 9)	0.054 1+ (0.030 7)	0.067 7* (0.031 0)	0.074 0* (0.028 7)
质量认证	0.002 96 (0.031 3)	−0.000 138 (0.033 0)	0.006 76 (0.032 5)	0.005 56 (0.031 6)	0.007 51 (0.032 3)	0.004 91 (0.032 2)	0.010 3 (0.029 9)
经验	0.013 4 (0.029 8)	0.004 48 (0.032 7)	−0.004 51 (0.033 0)	−0.007 60 (0.032 0)	−0.005 52 (0.032 0)	0.000 575 (0.032 0)	−0.008 71 (0.030 4)
年龄	0.015 3 (0.079 1)	0.020 0 (0.123)	0.014 8 (0.120)	0.014 3 (0.117)	0.024 9 (0.120)	0.022 6 (0.119)	0.014 8 (0.110)

续表

	金融支持						
	M1	M2	M3	M4	M5	M6	M7
私人股份	-0.075 0$^+$ (0.039 6)	-0.130** (0.044 5)	-0.113* (0.044 2)	-0.127** (0.042 9)	-0.023 8 (0.048 2)	-0.022 3 (0.047 9)	0.000 897 (0.045 0)
外国股份	-0.066 2$^+$ (0.037 7)	-0.100* (0.039 3)	-0.096 1* (0.039 1)	-0.101** (0.038 0)	-0.028 2 (0.040 9)	-0.028 6 (0.040 7)	-0.017 0 (0.038 2)
地区	0.008 12* (0.003 96)	0.011 2** (0.004 30)	0.007 33$^+$ (0.004 32)	0.007 20$^+$ (0.004 19)	0.011 7** (0.004 20)	0.011 1** (0.004 19)	0.005 75 (0.003 96)
行业	0.000 756 (0.002 02)	-0.001 46 (0.002 20)	-0.002 21 (0.002 18)	-0.001 51 (0.002 12)	-0.001 66 (0.002 16)	-0.001 16 (0.002 15)	-0.000 781 (0.002 01)
附属关系	0.016 9 (0.081 9)	0.157$^+$ (0.086 3)	0.196* (0.085 2)	0.208* (0.082 7)	0.169* (0.084 5)	0.155$^+$ (0.084 2)	0.206** (0.078 3)
性别	0.011 0 (0.059 5)	0.033 1 (0.058 3)	0.035 0 (0.057 6)	0.027 8 (0.055 8)	0.025 3 (0.057 0)	0.027 7 (0.056 7)	0.021 0 (0.052 8)
抵押（主导逻辑）		0.494*** (0.041 8)	0.464*** (0.041 5)	0.328*** (0.046 1)	0.498*** (0.040 9)	0.491*** (0.040 8)	0.280*** (0.044 4)
信用（互补逻辑）			0.125*** (0.022 7)	0.087 7*** (0.022 9)			0.101*** (0.021 7)

续表

		金融支持						
	M1	M2	M3	M4	M5	M6	M7
抵押×信用				0.057 6*** (0.009 56)			0.072 2*** (0.009 36)
政府支持（互补逻辑）					0.360*** (0.069 5)	0.320*** (0.070 7)	0.341*** (0.065 8)
抵押×政府支持						0.048 6** (0.018 3)	0.093 7*** (0.017 6)
_cons	−0.246 (0.219)	−0.475* (0.228)	−0.539* (0.225)	−0.565** (0.218)	−0.429+ (0.223)	−0.424+ (0.222)	−0.514* (0.206)
N	810	587	578	578	587	587	578
R^2	0.304	0.566	0.589	0.614	0.586	0.591	0.657
Adj. R^2	0.291	0.554	0.576	0.601	0.573	0.578	0.644
F	23.16***	46.51***	47.18***	49.38***	47.32***	45.56***	53.26***
F-test			46.29***		3.00+		

注：括号内的数字表示标准差；$^+ P<0.1$，$^* P<0.05$，$^{**} P<0.01$，$^{***} P<0.001$。

下的抵押和信贷的影响系数差异。结果表明，与 0（$F = 46.29$，$P <$ 0.001）有显著差异，证明主体稳定程度高比规范性外部支撑程度更有利于企业进入高层级市场去获得各类资源。

为了进一步检验假设 3 中主体稳定程度和外部支撑程度对外部资源获得层级造成的差异，我们使用 F 检验来测试抵押贷款对金融支持的影响与政府支持对金融支持的影响之间的系数差异。F 检验显示测试结果与 0（$F = 3.00$，$P < 0.1$）有显著差异，因此我们认为假设 3 证明了主体稳定程度比结构性外部支撑程度具有更高的资源获得资质成立。

假设 4 检验了市场系统中融入具有多重状态的市场主体是不是能够有效提升资源的获得层级资质，即主体稳定程度和外部支撑程度对相互之间的影响。我们认为在主体稳定程度水平相同的情况下，外部支撑程度高的公司比外部支撑程度低的公司更容易获得高层级的资源获得资质。随着外部支撑程度的提高，即使在相同的主体稳定程度上，稳定程度高也能获得更高的外部资源获得资质。同时，研究认为，在外部支撑程度相同的情况下，稳定程度高的公司比稳定程度低的公司更容易获得高层级资源的资质，并且随着稳定程度的提高，即使在相同的外部支撑程度上，个体通过外部支撑程度相关指标获得外部资源支撑的成本也会降低。为了检验这个假设，我们考察了信用和抵押的交互项之间的关系。根据所给出的关系，我们预计在信用不变时，抵押贷款和金融资源的获得效率之间的关系总是正向的[①]，在抵押贷款不变时，信用和金融资源的获得效率之间的关系也总是正向的。因此，我们预计信用、抵押与金融资源的获得效率呈正相关关系。

结果正如我们预期的那样，交互项的效果明显为正（$b = 0.057 6$，$P < 0.001$）。同时研究预计结构性支撑度（政府支持）、主体稳定程度（抵押）和外部资源获得效率的交互项之间存在正相关关系。因此，假设 4 成立。

3.4.2 控制变量

研究发现，企业年龄的长短在我们的模型设置中并不重要，这意味着企业年龄对金融资源获得资质影响不大。政治不稳定等变量对企业获取资源的资质产生负面影响，这在一定程度上符合我们的预期，因为政治不稳

---

① 获得效率越高表明主体在市场上的资质层级越高。

定导致企业在获得外部制度化支撑的时候具有高度动态性，渠道和资源的引入具有较高的政治风险。政治不稳定也容易被认为拥有高昂的环境成本，在这样的环境下运营的企业难以长期得到相同的市场制度设计主体的支持。这样的企业潜在的运营风险很高，使企业在运营方面更有可能被评为高风险。公司整体的总销售额和员工数量对获取金融支持资质层级有积极影响，这表明一家企业的规模越大，就越容易获得高层级的市场资质支持，这源于企业的规模将在很大程度上决定本身嵌入的市场网络层级，市场销售总额越高，表明主体在现阶段所处的市场层级越高，本身的稳定度和外部支撑程度也越高，从而将决定市场主体进入的市场层级。

3.5　结论

3.5.1　理论贡献

3.5.1.1　多中心层级化市场下合作性站位网络支点核心（交易伙伴）选择

本研究基于主体站位引入溢出和市场的升级性溢出循环的原理提出了市场主体合作伙伴选择偏好理论，以解释市场自由度交涉空间改变如何形成结构性压缩并带来市场结构扭曲的形成。本研究认为市场体系本身是多中心层级状态的，在这样的市场下，各类市场主体都有意愿去获得更高的自由度层级，自由度的竞争将带来市场自由度层级的持续升级和各类主体的溢出，推动新自由度主张群体的持续形成。在这样的情况下，合作者的选择将需要考虑随着市场自由度的持续提升，通过合作性站位以提升新自由度主张群体的基数并获得进入新兴和边缘部门或市场资质的可能，而合作性站位同时将导致各类溢出主体选择的有限性并推动市场自由度交涉空间的结构性压缩和自由度断层的形成，带来主体引入溢出能力的提升，同时带来市场结构扭曲的可能。

如随着市场的升级，通过和中心市场的主体合作性站位，推动多层级中心市场的竞争，带来自由度持续在新兴和边缘部门或市场溢出，在自身无法进入主流市场或者无法有效在新兴和边缘部门或市场站位的情况下，通过选择合适的交易伙伴，有利于持续在主流市场推动市场的升级，同时通过竞争带动更多主体自由度断层的出现并溢出进入自身的合作网络。通过推动市场自由度升级和合作性站位带来市场自由度交涉空间的结构性压缩，在市场选择有限的情况下，提升自身以及合作方在新兴和边缘部门或市场合法性资质获得的可能。而随着主体在技术、市场、法规和文化领域的持续衍生和循环，主体及合作伙伴在更多层级的新兴和边缘部门或市场领域获得资质的能力将决定主体及其合作网络是不是能够有效地获得特权自由度交涉权利的接口。因此，在多中心层级化市场下选择合作伙伴的核心在于需要考虑主体是不是能够通过竞争和站位为自身带来多层级新兴市场自由度主张的资质。而不同层级的新兴市场的自由度资质则有赖于市场自由度交涉结构以及主体新自由度主张是不是能够持续地获得制度设计主体的合法性认可。因此，现有研究关于合作伙伴的选择更多考察通过主体以及合作伙伴的站位以获得多中心层级自由度主张合法性的可能。而这同时也可能是带来市场结构扭曲、活力下降的重要原因。

3.5.1.2 多中心层级化市场下升级性溢出循环环境对主体合作伙伴选择的影响

本研究指出，在多中心层级化市场下，不同的市场主体会为构建起更高的市场状态而不断竞争，从而形成升级性溢出循环的市场环境。随着不同市场之间交易和竞争的深入，市场的升级性溢出循环的升级将推动市场自由度持续升级并导致自由度断层形成，带来市场主体的竞争性权利缺失，推动各类市场主体的持续溢出以及旧自由度主张的持续替代。因此，持续的自由度升级和溢出带来竞争性权利缺失的可能是主体合作伙伴选择的重要影响因素。主体间合作性站位带来的自由度交涉空间的结构化是竞争性权利缺失形成的核心原因，因此通过合作性站位降低自身自由度交涉空间的结构性压缩是实现自身自由度主张合法化的重要前提。

在市场由于升级性溢出循环形成竞争性权利缺失的环境下，通过选择主体稳定程度高和外部支撑程度强的主体为支点核心通道（交易伙伴）能够有效提升多层级市场下市场主体对新兴和边缘部门或市场溢出通道的引入能力以及对应市场下自由度主张的合法性获得，并推动相应市场多层级新兴网络支点的形成。在这样的情况下，主体更有意愿通过选择与稳定程度高和外部支撑程度强的群体合作以推动各类主体溢出进入新兴和边缘部门或市场，并带来自身及合作主体在新兴和边缘部门或市场资质渠道的获得。

这样，相比于传统的研究聚焦于通过资源和渠道交换以获得更高的市场状态，本研究考察了在市场演化升级，自由度断层形成的背景下，新兴和边缘部门或市场自由度交涉空间结构化的潜在影响对主体合作伙伴选择的影响。而同时，如何通过更加高效的竞争，如更快的高层级技术的引入以及更多中心的市场进入能力，带动自由度升级以提升自身在不同中心层级市场新自由度主张资质的获得能力呢？

3.5.1.3　通过合作伙伴（支点核心）选择获得多层级自由度主张的合法性

本研究认为，在多中心层级化市场下，群体会更加倾向于利用主体稳定程度以及主体的外部支持程度来选择他们的客户群体。主体稳定程度高的群体表现为其具有较高的网络层级自由度，从而具有较高深度的自由度交涉空间。在市场升级的情况下，通过网络层级的提升和利基市场的开发将推动新兴市场的模仿，并更快地带动市场消费层级的提升。在这个过程中，高主体稳定程度的市场主体将通过提供新兴业态的方式推动市场网络层级的提升，不断将市场主体和消费群体挤压进入具有更高自由度的领域和市场中，从而提升自身的稳定程度，并带来特权依附产业链自由度交涉空间的下降以及网络层级自由度的压缩。通过选择同稳定程度高的主体进行合作，随着市场的升级能够有效通过站位推动自身获得多层级市场的进入资质，并不断随着自由度层级的提升引入溢出的通道提升合作网络以获得进入新兴和边缘部门或市场的合法性资质渠道的可能。主体稳定程度越高，在激烈的市场竞争中，带动多层级市场溢出的能力越强，市场的引流能力越强，推动主体获得更多层级自由度价值主张的合法性能力越强，从而能够更加有效地提升自身的自由度交涉空间，并最终随着自由度的升级改变市场自由度的流向，推动新网络支点的形成，带来特权依附产业链市场自由度的压缩，并倒逼特权自由度交涉权利的开放。

主体的外部支撑程度则表现为主体对不同中心部门网络进入的能力较强，从而能够有效获得不同中心部门的进入资质，表现为具有更高的自由度交涉宽度。这样在进行市场利益交换的过程中，各类市场主体通过考察市场主体的外部支撑程度，能够利用最小的成本获得更大范围的市场层级和类型的进入渠道。这样更多类型的具有不同市场自由度的市场群体会被更快地制造出来，就会更快地带来市场自由度的提升。而通过站位，主体能够不断引入溢出的市场主体并提升获得更多高自由度交涉空间的新兴和边缘部门或市场资质的可能。同时，随着市场自由度的快速升级，其他市场竞争者获得类似中心部门自由度主张合法性的可能将受到约束，主体及其合作网络在不同中心市场形成新自由度主张价值网络的可能性会更高。

同时，随着进入这个市场的消费群体的自由度更快地得到提升，市场的整体层级也会更快地提升。这就会带来市场整体的产业链更快地向制度特权边界逼近，并随着市场的消费升级，不断引入具有更高市场自由度的市场配套和新的具有更高自由度的产品。在这样的情况下，特权依附产业群体的网络层级自由度也会持续被压缩，消费者会由于高层级自由度的偏好以及消费市场的升级而持续流失，这将压缩特权依附主体的自由度交涉空间并推动主体对特权资质的引入，同时推动特权自由度交涉权利的开放。

3.5.2　实证贡献

本研究从市场主体在不同层级市场自由度获得的角度为主体间合作的出现做出了一些实证贡献。本研究在多中心层级化市场下分析了授信额度的意义，指出在存在市场层级竞争的环境下，授信价值程度代表了合作主体通过利益交换以推动市场层级提升，带来更多同类型市场主体形成的可能，为资源提供方引入更多同类型市场主体提供了更多的选择空间，同时，通过同相关主体的合作获得进入不同层级中心市场的潜在资质通道。而抵押、信用和政府支持则被认为利益交换中不同类型的市场主体所在的状态层级规范被新兴市场规范和资质替代或者失去合法性的可能，以及通过同相关主体合作以推动市场自由度层级提升，带来更多同层级市场主体形成并为资源提供方引入更多高层级自由度市场主体提供选择空间，同时为进入更高自由度层级的市场提供潜在资质渠道。其中，信用或政府支持在多中心层级化市场状态背景下被认为是两种支撑范式的重要体现，即规范性支撑以及结构性支撑。层级化市场下的价值体现为通过同这类主体合作推动市场自由度层级提升，带来更多高层级市场群体形成，从而为资源提供方不断引入高自由度形成能力的主体以及为获得进入新兴和边缘部门或市场的自由度资质提供基础，并推动新自由度主张市场结构的形成。

3.5.3　实践启示

不同类型市场主体通过新自由度主张的竞争性引入推动市场自由度层级提升以及更多类型的新自由度主张的形成，对推动市场形成多中心竞争的格局尤为重要。

多自由度主张中心的建立有助于推动各类市场主体获得更高的自由度交涉空间和权利，从而降低市场结构扭曲的可能。在多中心层级化市场

下，市场结构扭曲体现为企业通过合作性站位推动新自由度主张的升级，
推动了市场自由度断层的形成，带来新市场结构在形成的过程中形成更多
权利缺失主体并持续压缩溢出的市场群体的自由度交涉空间，以及持续压
缩新自由度主张的合法化通道。

在多中心层级化市场存在竞争性溢出循环的情况下，为持续获得新自
由度主张的合法化，各类市场主体更加倾向于选择主体稳定程度高和外部
支撑程度高的主体进行合作性站位，将推动自由度交涉空间的结构性重
构，而这将有可能导致市场出现自由度交涉空间的结构性压缩，带来市场
自由度断层的持续形成并由于不存在合适的新自由度主张配套以衔接自由
度断层，导致新兴和边缘部门或市场群体无法进入对应的市场网络，这就
会形成市场结构的扭曲。政府通过调控合作性站位如兼并、联合控制以及
市场进入资质如新自由度主张合法化的供给，可以有效约束市场自由度交
涉空间结构化带来的负面影响，如市场溢出速度过快的问题，并推动市场
主体进入新兴和边缘部门或市场，降低市场结构扭曲的可能以及市场活力
下降的影响。市场进入资质的供给也有助于低层级市场形成更多的新支点
核心并为外部高自由度的主体进入低层级市场提供接口从而提升市场的
活力。

3.5.4　未来的研究

本研究为理解如何基于自由度调控以推动新市场结构形成的研究提供
了新的研究方向。本研究从合作伙伴自由度引入通道站位影响的角度分析
了如何基于合作性站位的优势选择合作伙伴以推动新市场结构的形成。现
有的研究提供了一个基于市场合作伙伴选择带来市场结构扭曲的潜在影响
分析框架，但并未解释通过何种机制以降低市场状态的竞争性权利缺失，
未来希望能够理解如何通过政府的介入和调控以尽量降低由于市场持续的
升级而带来的低层级群体的竞争性权利缺失。

第四章 交易成本调控、底层偏远边缘市场平行支点核心竞争与新市场结构形成与调控

4.1 引言

在市场结构出现扭曲带来市场主体自由度交涉空间结构性压缩的情况下，企业可通过新自由度主张引入衔接新兴和边缘部门或市场权利缺失主体的自由度断层，例如企业推动偏远边缘市场开发是提升主体自由度层级位置、推动新市场结构形成的重要手段（Gurses & Ozcan, 2015）。为推动偏远边缘新兴市场自由度通道的开发以形成新自由度主张的市场结构，在主体自由度层级相对较低的情况下需要推动边缘新兴市场的主体进入具有相似自由度主张的市场中，以推动市场不同类型主体自由度交涉空间以及自由度形成结构的改变，推动偏远市场自由度升级（Swaminathan, 2001）。前期关于成熟市场的研究表明，通过多层级支点核心的竞争站位，推动市场自由度主张的升级以及新自由度主张群体的形成，并通过推动政府引导如对新自由度主张的合法化带动市场主体对新自由度主张合法化的认知和内化过程形成，同时推动更多类似自由度主张群体的出现，从而推动新市场结构的形成。针对要素市场的研究也表明市场更倾向于为具有主体稳定程度和外部支撑程度高的主体提供更多的要素配套，从而将改变市场的平衡结构，推动对应市场下自由度通道更快地升级和溢出，进而导致市场自由度断层的出现（Raynard, Lu & Jing, 2019）。因此，理解市场是如何通过市场化的方式衔接自由度断层显得尤为重要，尤其是偏远边缘新兴市场，这类市场自由度层级过低，各类市场主体相对分散，这就会导致由于市场交易成本过高而带来市场失效（姜雁斌，2012b）。同时，相比于处在成熟自由市场的主体，偏远边缘新兴市场存在主体自由度层级过低从而无法形成较高主体稳定程度和外部支

撑程度的情况，因此支点核心或者技术的引入可能由于技术代差以及自由度主张差异或冲突的存在而形成低层级自由度群体无法识别机会接口并接入对应的市场的情况（Raynard，Lu & Jing，2019）。自由度主张差异或冲突被定义为主体间存在不同的技术和制度范式，以分配市场资源（Pache & Santos，2010）。

在无法通过成熟市场核心引入以提升自身市场状态层级的情况下，企业可通过推动集聚构建起边缘市场内生支点核心的方式推动新自由度主张的形成带动市场自由度层级提升，这将推动边缘新兴市场形成具有独立自由度主张的生态系统（Newton，2002；Hajro，Gibson & Pudelko，2017；Datt'ee，Alexy & Autio，2018；Raynard，Lu & Jing，2019）。如关于对外投资的研究表明，市场主体的本地化能力是自身发育的重要基础，通过同本地的企业合作是提升主体合法性的重要手段。在这样的背景下，寻找以及构建起合适的本地化的支点核心也显得尤为重要（Raynard，Lu & Jing，2019），这一方面能够通过控制代差获得持续的盈利（Datt'ee，Alexy & Autio，2018），另一方面能够持续通过引入升级性溢出的市场群体提升自身的市场状态层级（Washington & Zajac，2005）。对于偏远边缘新兴市场，要构建起合适的支点核心，可能需要经历多阶段的培育和发掘过程。如现有研究表明要获得新市场开发的进入机会和接口，需要经历探测、发展以及开发过程（Bakker & Shepherd，2017）。还有的研究指出，要在医药市场推动新药物的开发以及合法化，需要经历前期发掘阶段，包括先对 5 000～10 000 种化学药物组合进行试错，然后筛选获得200～300 种潜在临床药物，最后选出 5～10 种临床试验药物（Wolfe & Shepherd，2015）。因此，要通过引入偏远边缘市场新兴自由度支点核心的方式以推动偏远边缘市场的开发，提升自身的自由度层级，需要通过多阶段的引导培育出合适的支点核心以及新市场结构的接口。

前期的研究表明，自由度输送有助于推动市场自由度升级，形成新的支点以及支点核心，带动市场新自由度主张的形成。如多支点核心站位理论提出，通过技术引入或者自由度供给推动市场自由度形成平衡的改变能推动自由度升级、带来市场自由度竞争性溢出，有规划的自由度引入能够为权利缺失群体带来新自由度主张支点网络的市场接口，推动新自由度主张网络的形成。在成熟市场中通过引入新的具有更高层级技术自由度的市场主体，将带来新自由度主张的溢出（Williamson，Wu & Yin，2019），推动各层级市场主体溢出进入具有新自由度主张的市场网络中。这意味着同层级主体间的模仿性竞争有利于推动市场自由度升级带来市场结构改变并形成新自由度主张。

在边缘新兴市场缺乏必要的基础资源和存在高交易成本的情况下，本研究提出可以通过多阶段的自由度引导以推动市场结构重构，通过推动偏远边缘市场形成新自由度支点核心以引入偏远边缘市场新自由度主张群体，并通过衔接偏远边缘市场的自由度断层带动市场类目升级并推动新自由度主张结构的形成，改变自身在新市场结构中的网络层级。本研究提出通过基于交易成本的引导性自由度的引入以推动偏远边缘市场自由度平衡结构的改变，推动偏远边缘市场高主体稳定程度和外部支撑程度元核心主体的形成，同时伴随自由度输送推动正规和非正规的层级市场平行支点核心的形成以推动正规和非正规层级市场的自由度竞争性升级，推动新自由度主张支点核心的形成和市场层级结构和法规目录的重构。

本研究提供了以下几方面的贡献：

第一，本研究通过溢出性升级循环的过程和市场结构目录重构的过程提出通过衔接偏远边缘市场自由度断层以推动市场以及边缘偏远市场新自由度主张市场结构和目录重构的三阶段模型。第一阶段的研究基于自由度主张层级化升级模式提出通过边缘市场引导性自由度通道的引入以推动现有结构目录下支点元核心的形成；第二个阶段的研究提出，通过多阶段的自由度输送推动市场自由度升级，通过溢出带动边缘偏远市场自由度目录升级推动市场支点核心元结构的形成；第三个阶段的研究提出通过规划性的合法化行为推动市场新自由度主张法规和目录的形成，从而推动多层级新自由度主张支点核心的建立。

第二，本研究基于边缘偏远市场结构重构的过程以及新自由度主张衔接的过程，建立了新自由度主张市场结构构建的三阶段模式。研究解释了通过多阶段的引导性自由度调控带来溢出性升级和站位引入是如何推动偏远边缘结构改变、推动市场发育，以实现各类市场主体自由度断层衔接能力提升，并实现新自由度主张群体持续形成，带来主体新市场结构中位置和层级重构的。

4.2 理论背景

4.2.1 偏远边缘市场的自由度调控性升级溢出、
自由度交涉空间与自由度类目升级

华盛顿和扎哈克（2005）的研究指出，通过不断积累正向的关系渠道、降低负向关系渠道能够有效提升市场主体的网络层级。而基于自由度对市场状态层级的研究表明，如果引入新的关系渠道能够有效提升主体的自由度交涉空间，即使在高层级市场是负向的关系渠道，在低层级市场也可能成为正向的关系渠道，因此，通过积累为主体获得更高自由度交涉空间的自由度资源能够有效提升主体的市场状态层级并改变市场的网络层级结构，推动主体自由度交涉空间的提升。平行支点核心站位的理论提出通过平行支点站位推动中心市场竞争带来市场竞争性溢出（Williamson，Wu & Yin，2019），将推动市场主体在技术自由度、市场自由度、法规自由度和文化自由度的持续升级，从而能够有效提升市场主体的自由度交涉空间。因此，引入溢出的市场主体被认为是提升新兴和边缘部门或市场自由度层级以及自由度交涉空间的重要手段。

前期的研究提出，企业通过自由度的供给和引导以推动竞争带来市场溢出，将推动主体自由度交涉空间的重构以及新自由度主张群体的形成。自由度的供给主要体现为在市场自由度层级约束的环境下，通过为不同层级和中心的市场主体提供有限的自由度，随着市场自由度的升级将推动各类市场主体溢出进入站位的市场主体的网络中。引导则主要随着市场对高自由度的产品不断接受的情况下，在制度设计主体间存在自由度层级竞争的情况下，通过合法化高自由度产品以推动自身自由度层级提升，带来市场对高自由度产品需求的持续提升，并形成新的更高自由度的需求，从而通过调控改变市场自由度供给，推动市场形成多层级支点核心网络。在偏远边缘市场，由于缺乏必要的基础技术、生产资料和手段，高层级的自由度的供给和调控更有可能带来市场的无效性。但从市场自由度升级的形成基础来源看，自由度的供给和调控都带来了市场自由度形成机制的再平衡。

关于生态种群的研究表明，通过改变市场中不同种群群体的数量，在市场资源有限的情况下有助于推动市场自由度形成平衡机制的改变，推动市场自由度的升级（Hannan & Freeman，1977，1989；Pouder & John，1996；Swaminathan，2001）。如前期研究提出通过合作性站位带来市场自由度交涉结构改变，推动市场自由度的流向和流速改变，能够有效带来更多具有相同自由度主张群体的形成，随着自由度交涉结构深化推动合作性站位主体对溢出通道的持续引入，能够不断形成具有类似自由度主张的群体，通过引导如合法化新自由度主张将提升具有相似自由度的种群群体的数量，推动市场网络结构层级和合法性目录重构，提升主体的市场自由度交涉空间。

在这个过程中，新自由度主张合法化更多体现为来自政府调控行为的概率性选择，因此前期的自由度引入对形成多层级支点核心显得尤为重要。按照前期对成熟市场支点核心站位推动新自由度主张市场结构和目录形成的过程的研究看，主体需要通过多层级支点核心站位、利益相关者溢出引入、新自由度主张合法化以及新自由度主张群体扩大和再生的过程以推动市场自由度层级提升和新市场结构目录的形成（Abrahamson，1991，1996）。

关于新兴市场制度创新的研究表明，要推动新市场结构和制度的形成需要通过合法性站位、利益相关者衔接以及理论化以推动新制度结构的形成（Maguire，Hardy & Lawrence，2004）。在这样的情况下，要通过调控推动新市场结构的形成，首先，需要引入拥有一定技术基础的市场主体进行站位以引入市场的溢出。其次，要推动新自由度主张的合法化，需要通过调控持续推动市场竞争升级，带动各类利益相关者溢出进入站位主体的网络，推动站位主体不断衔接不同中心部门，带来新自由度主张市场架构的形成。最后，规划性合法化新自由度主张的市场架构，推动新自由度主张目录的形成（Abrahamson，1991，1996；Maguire，Hardy & Lawrence，2004）。

现有研究提出，新自由度主张形成的核心和关键在于同类型市场种群的增多带来了制度设计主体自由度资源的约束以及某些市场主体自由度交涉空间和权利的压缩，从而推动具有更高自由度形成能力的市场主体不断溢出并升级自身的自由度层级从而进入新自由度主张目录中。因此，为推动边缘偏远市场发育，在前期通过引导性的手段推动种群数量的升级，有助于形成多类型的具有高自由度的市场主体（Swaminathan，2001），并带动市场自由度通道升级和溢出循环形成。

在这里，引导性自由度体现为通过引导性的手段以及对应的引流渠道推动新的自由度进入特定的产业渠道或形成新的产业链自由度形成机制，推动市场主体自由度形成结构不平衡，带来主体自由度升级循环的形成和自由度的外溢，从而为主体带来新的自由度来源。依据引导性自由度推动市场主体自由度升级、溢出带来市场结构重构的过程，本研究将引导的过程划分为探测性引导（Bowman & Hurry，1993；McGrath，1999）、筛选性引导（Ardichvili et al.，2003；Cooper，2008）以及规划性引导（Bakker & Shepherd，2017；Wolfe & Shepherd，2015；Abrahamson，1991，1996；Wood & Williams，2014）。

在探测性引导阶段，关键是通过调控构建起具有一定主体稳定程度和外部支撑程度的元核心，在筛选性引导阶段，关键是通过调控带动持续的市场升级和溢出，推动市场在现有目录框架下形成多层级的支点核心元结构，在最后的规划性引导阶段，通过调控合法化主张以推动多层级的新自由度支点核心的形成。

4.2.2　探测性引导、交易成本与偏远边缘市场的自由度交涉结构重构

探测性引导指通过引流汇聚的方式提升市场种群数量，通过改变自由度的形成来源推动自由度的竞争升级，带来现有自由度目录下高自由度主体以及元核心的形成。元核心指由于主体拥有较高层级稳定程度或多中心支持程度，从而获得较高的产业链支撑主体认可并形成不同层级市场进入能力，为形成新自由度主张的结构提供衔接通道。

现有研究分析了自由度交涉空间改变带来的自由度主张层级差异、认知差异以及制度主张差异会如何形成主体的权利缺失。在现有的分析框架下，自由度交涉空间改变的核心在于高层级自由度的引入带来了新兴群体的形成（Abrahamson，1991），推动不同层级市场类似自由度主张群体的改变，从而带来了市场中不同类型主体自由度交涉空间的持续改变。但在偏远边缘市场，自由度交涉空间不仅受到自由度主张层级差异、认知差异以及制度主张差异的影响，同时还存在地理性区隔导致的网络衔接不畅带来的主体自由度交涉空间的压缩。因此，相比于成熟市场，改变市场自由度交涉空间的手段主要通过自由度供给、调控以改变市场中具有不同层级自由度种群的数量，对于偏远边缘市场还可以通过改变市场交易成本的方式以引入市场中偏远地区的具有不同层级自由度的主体，从而推动市场种群数量的改变（Hann & Freeman，1977；Swaminathan，2001），进而推

动市场内部各类主体自由度交涉空间的改变，带来偏远市场自由度的升级
内循环。

现有的理论研究指出，在组织由于外部市场压力而被迫进行创新的情
况下，生态系统内部某些关键市场利益相关主体可能无法理解核心企业的
行为，而导致转型受阻。无法理解核心企业的行为会导致某些市场主体持
续流出相应生态系统的产业网络中（Hampel，Tracey & Weber，2019）。
自由度层级化衍生升级的过程机制表明，市场自由度的持续升级将带来不
同市场主体的持续溢出，通过在新兴和边缘部门或市场站位将推动新自由
度主张群体的持续引入，而通过合法化新自由度主张带动更多新兴主体形
成新自由度主张，将推动具有更高自由度需求的市场群体的溢出，推动新
自由度主张需求的形成。在自由度层级存在竞争的环境下，同类型市场种
群的数量将推动高自由度的市场主体对更高自由度需求的形成，带来主体
市场自由度的层级衍生（Abrahamson，1991，1996），推动市场引入更高
技术自由度的技术。

由于不同的技术和产品具有独特的利基宽度，市场中同类型主体的增
多将带来利基市场的增长，同类型种群群体的增加将带来资源的约束，从
而形成利基市场的压缩（Hannan & Freeman，1977，1989；Pouder &
John，1996）。这意味着同类型种群数量的增长将挤压资源约束较高领域
主体的利基市场宽度，带来对应层级市场主体进入对应市场资质和渠道价
值的下降，以及在相应层级自由度的压缩，推动市场对引入更高自由度的
需求（Abrahamson，1991，1996）。在主体拥有有限自由度层级的情况
下，市场结构的改变将压缩某些低自由度主体的自由度交涉空间，改变主
体进入不同层级市场的能力，推动各类市场主体自由度交涉空间的改变。

市场主体通过建设各类信息化平台、交通基础设施等基础手段，推动
偏远边缘的市场群体通过电子化资质认证的方式有效进入主流市场进行交
易，或者获得进入具有更高自由度需求的生产部门的资质，从而有助于拓
展偏远边缘市场主体的自由度交涉空间。企业通过汇聚引流的方式推动偏
远边缘市场种群数量的升级，推动市场自由度交涉空间重构。企业改变交
易成本推动主体自由度升级体现为通过构建新的自由度引流渠道以降低市
场交易成本和改变主体内部化能力，形成市场主体间自由度形成能力的不
平衡，带来自由度资源流动和推动自由度的升级循环的实现，从而推动主
体稳定程度和外部支撑程度提升。

4.2.3　筛选性引导、正规和非正规层级系统
自由度竞争与平行伴生支点核心

筛选性引导指通过供给高层级自由度推动市场自由度竞争，带来具有不同自由度主张的市场群体持续形成以及自由度层级结构持续分层，为现有目录引入更多具有更高层级自由度主张的市场主体提供必要的支点核心合作群体或支点核心元结构。

在这里，支点核心元结构体现为在现有的市场目录结构中形成相应的支点核心，通过持续的自由度输送和市场层级提升筛选出某些通过利基市场站位以及引入溢出形成进入不同层级、中心能力和渠道资质的新自由度主张群体，为形成新自由度主张市场结构提供架构基础。平行支点核心站位理论指出在多中心层级化市场下，为推动权利缺失市场主体获得高层级自由度交涉权利，推动技术竞争带来市场结构改变是市场中的主体获得高层级自由度交涉权利的核心。

前期的研究表明，通过层级化技术的引入，能够推动具有高技术自由度的市场主体持续引入市场中溢出的高自由度主体，并提升市场的网络层级自由度，压缩特权依附主体的网络层级自由度。支点核心选择偏好理论指出，合适的支点核心的选择如与主体稳定程度高和外部支撑程度高的主体合作，能够有效地推动技术、市场、法规和文化自由度的发展，不断压缩特权产业链依附主体的网络层级自由度，带动消费群体随着自由度的升级向具有高自由度交涉空间的网络衍生，并推动新兴网络支点的形成。随着市场自由度的升级，新兴网络支点网络层级自由度的提升将能够有效倒逼系统中特权群体自由度交涉权利的开放。因此，在成熟的市场中，推动市场包容性提升的核心在于寻找合适的支点核心并推动具有高网络层级自由度的群体同特权群体的技术竞争。

然而，在底层新兴市场，尤其是在大量主体存在竞争性权利缺失的情况下，低网络层级的自由度将无法推动这类主体同特权群体的竞争。在这样的情况下，选择合适的调控机制推动底层市场层级的发展显得尤为重要。关于网络结构层级竞争的研究提出，市场系统中的主体更可能和具有相同层级的市场主体进行对比竞争，这就会形成所谓的结构对等竞争效应（Granovetter，1994；Greve，2003）。这些群体通过同结构对等群体的竞争，能够有效实现制度和技术模仿，并提升自身的市场结构层级。因此，要有效地推动底层新兴市场的发展，首先，关键在于为相应的市场提供合

理的对等标的；其次，需要为底层新兴市场提供必要的资源要素配套。然而，由于信息的不对称以及对底层新兴市场环境不能有效地理解，直接通过政府调控或者大型特权主体投资的方式构建对应的要素环境可能导致更多群体的排斥或者滋生腐败。例如，由于信息不对称，偏远边缘市场的群体可能更多地将资源投入到关系网络较为紧密的合作伙伴中，而并不会为了提升市场层级而将资源投入到主体稳定程度和外部支撑程度高的主体中，这就可能形成底层资源的低效和市场的无效。

因此，偏远边缘市场多竞争主体的存在对于市场结构层级提升显得尤为重要。现有的研究提出，正规的层级系统之外，还存在非正规的层级系统。有研究提出，非洲的合作社中就存在正规的层级系统以及非正规的层级系统（Angelique slade Shantz，Kistruck，Pacheco & Webb，2019）。正如在高层级市场中，市场排斥形成的关键在于更多的群体处于特权自由度产业链之外，因此推动特权外部主体同特权依附主体的竞争是推动更多主体获得特权的手段。在这样的情况下，为了推动底层新兴市场的竞争，有必要在正规的层级系统和非正规的层级系统中构建起合适的网络支点。

相比于成熟市场主要通过竞争推动市场层级结构重构从而带来市场发展的观点，在底层新兴市场，本研究提出通过自由度调控和供给推动正规层级网络支点核心以及非正规层级系统网络伴生支点核心的构建和竞争，以实现底层新兴市场结构的重构。在这里，伴生主要体现为相互之间处于产业链的不同位置并形成合适的市场竞争与互补，竞争主要指通过消费者引入的竞争推动底层新兴市场自由度的提升，带动中心主体对底层新兴主体自由度的输送，并带来整体市场网络层级自由度的提升。互补体现为通过利基市场消费群体引入的竞争带动更多消费群体形成更高的自由度，推动利基市场消费群体随着自由度的升级持续从正规的层级市场中溢出，而非正规的层级系统中的主体能够利用自身的技术积累持续地引入各类高层级的生产和消费群体，并提升自身的网络生态层级和结构。这样通过正规和非正规层级系统主体之间的伴生以解决底层新兴市场主体自由度层级过低而无法有效融入各类产业链中的问题，能够带动底层新兴市场通过自由度竞争使自由度升级性溢出，以推动平行支点核心的形成和新市场结构的构建。

4.2.4 规划性引导、自由度断层与偏远边缘新自由度主张支点核心形成

规划性引导指随着市场自由度层级的提升，某些市场主体在现有市场网络层级下已经衔接了大量不同的利益相关者，制度设计主体通过合法化

相应市场主体的自由度价值主张能更加有利于推动自身自由度层级的提升，从而为新市场目录提供合法性支撑。新市场目录提供的合法性支撑带来了广泛的结构性市场需求以及自由度供给的引导，将推动新自由度主张支点核心的形成。

平行支点站位理论基于主体自由度对市场层级进行了重新定义，并指出，在多中心层级化市场下，存在四种类型的自由度，即技术自由度、市场自由度、法规自由度和文化自由度；调控自由度的供给能够推动在不同市场层级站位的市场主体不断引入溢出的市场主体并开拓新市场（Gurses & Ozcan，2015）。通过合法化新自由度主张将推动新自由度主张需求的形成并带来新一轮的技术引入，从而通过对自由度的调控和市场竞争筛选出合适的市场主体，并使之成为不同层级市场的支点核心或推动支点核心在不同层级市场形成新的支点网络（Abrahamson，1991，1996）。

本研究指出高层级自由度资源的有限性以及嵌入网络中的市场主体对更高层级自由度的需求，在中低层级自由度资源持续增多的情况下将推动自由度的市场内循环和市场间循环，带来自由度的持续升级。通过自由度的供给和引导，如制度设计主体通过推动具有更高自由度主张法规的形成，带来高层级自由度主张的合法化，将推动某些自由度主张存在差异的主体出现自由度断层，同时高层级市场自由度供给的有限性将同时导致自由度断层，带来某些市场主体无法获得进入更高层级自由度市场的约束。这将引导更多市场主体随着自由度需求的升级溢出进入获得新兴合法性目录支撑的市场主体的网络中，随着进入相应领域的市场主体的增多，将推动新自由度主张群体的形成。

其中的核心原因是，随着同层级市场状态相似主体的增长，为区分自身以及新进入市场的主体的市场状态层级，具有高自由度的群体将升级自身的层级以获得市场更高的层级认可，从而推动新自由度主张群体的形成，并进一步推动新自由度主张群体的站位和引入。实现自身在技术、市场、法规和文化领域的持续升级将推动主体稳定程度和外部支撑程度的提升，带来市场结构的改变，带动市场自由度持续溢出并进入新的支点核心（Abrahamson & Fombrun，1994；Abrahamson，1996），而持续的自由度主张的内化将推动新文化的形成。

自由度在多中心部门的升级主要通过自由度升级的市场内循环和市场间循环实现。市场内循环的过程通过推动自由度在不同企业、部门内的持续升级并带来自由度的升级性溢出，推动新的网络支点核心进入低层级的市场。而这又将推动低层级市场的自由度升级循环，并带动各层级自由度市场主体的回流，推动市场间自由度升级的循环。随着这一过程的持续，将带动自由度层级化衍生，推动主体形成技术引入和市场溢出、引入法规中更高价值主张的目标，市场中更高价值主张的文化群体持续形成以及推动更高技术自由度的生产主体和需求主体形成的循环（Abrahamson，1991，1996）。

同时，新自由度主张的持续合法化将不断内化低层级的自由度主张，推动新自由度文化的持续形成。新自由度主张群体的持续形成以及市场自由度的升级，将不断压缩低自由度生产群体的市场空间并推动具有高自由度需求的群体的持续溢出，带来低自由度生产部门的解体。

自由度调控与交涉空间重构机制，如图4-1所示。

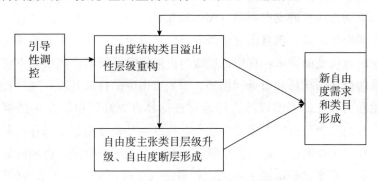

图4-1　自由度调控与交涉空间重构机制

4.3　案例

案例研究的主要价值体现在当研究对象关系不清、研究对象本身难以有效界定时，可通过多种资料来源来调查现实世界中各对象之间的相互关系以及研究对象本身的构成。案例研究的目的在于开发新的理论，并进行进一步的拓展。通常来讲，案例研究分为探索性、描述性、解释性以及评价性四类（Yin，1989，2003）。各种案例研究方法的主要目的和侧重点存在差异。其中探索性案例研究多用于在已有研究的基础上，对现有理论进行扩展和补充，从而产生新的理论或者假设。

我们整个项目的研究目的是基于发达地区的发展经验寻求推动区域包容性发展的机制，而作为本研究的中心，我们的前期分析结果主要获取了交易成本改变的作用机制的理论模型。而作为后期研究的衍生，本研究将更多利用理论推理和部分产业发展阶段的案例以及二手材料佐证的方式来理解产业链如何衍生并影响地区产业链生态网络的形成，推动市场获得更高层级的自由度，如通过建立独立的品牌实现市场定价权。这主要的原因在于现有的材料不能完全提供产业链衍生的过程作用机制分析，在这样的情况下，研究更多基于网络层级自由度、制度模仿等理论推理，以连接新兴市场在不同阶段出现的现象。因此，对交易成本作用机制的研究更多依据实地调研的结果归纳，而对产业链衍生过程以及高层级自由度交涉权利的获得过程的研究更多基于理论性推理。

为了获得足够深度和广度的数据分析资料，我们通过多种渠道获得相关数据，其中包括深度访谈，调研人员的观察和理解以及二手的档案数据资料。为提升研究结果的效度，笔者收集了2009—2011年在某省不同产业、不同地区调研访谈过的40家单位的材料，同时为提升研究结果的信度，我们在研究中同时采用直接的访谈材料和相关调研人员的观察报告来作为本研究基础材料的参考。

4.3.1　取样

对于研究的取样，在进行调研之前，研究团队的各位专家进行了一轮调研区域选取的评估工作，在调研区域的选取上，我们主要遵循以下规则：

被调研区域具有良好的经济发展水平，但早期的基础发展主要是农村欠发达地区，并且其相关包容性发展模式具有潜在的借鉴价值。

为降低案例研究结论的变异性，主要将案例的选择限定在中国本土企业（机构）。为保证结论的普适性，选择的案例虽然考虑了高资本、技术、知识密集度的企业，但也考虑了那些社会大众容易接触或者进入的行业，并且这些企业多为民营企业。

在研究样本的选取上，我们同时遵循样本可得性、样本代表得出结论的可参考性，并且得出的结论最好能有更高的效度和信度，因此选取的样本包括浙江温州瑞安的汽摩配制造企业和医药制造企业、诸暨山下湖地区的珍珠制品企业、黄岩的模具制造企业以及安吉地区的竹制品及加工设备企业，并且为获得对这些地区和企业的系统了解，我们同时访谈了地区内相关主管部门和行业协会。以下将介绍按时间顺序进行调研的各地区产业的相关情况。

4.3.1.1 珍珠制品

诸暨山下湖地区的珍珠制品行业被看作当地经济发展的主要推动力，珍珠制品行业的特点是既具有农产品属性又具有珠宝特性。在改革开放初期，这种商品被看作珠宝产品，在各个地区的养殖受到严格的限制，直到20世纪90年代其农副产品的性质才被确立。因此，作为一种农副产品，其本身具有很明显的第一产业带动效应，能够有效地推动农业人口进入制造业。同时，珍珠养殖相对于其他技术性产品，更容易被农村人员接受，和他们进行的传统农耕项目相比，具有很强的延承性，并且，这种产品还具有很强的地理特殊性，是具有地区专属性生产特点的产品，能够很好地利用产品生产地区的资源。对于产品的价格，由于珍珠本身的培养时间相对较长，在这期间会受到多种外在不确定性因素的影响，当地人员甚至有时把这一行业描述为"靠天吃饭"的行业，因此相对于其他制造型产品，珍珠制品具有很高的市场不确定性和难以预测性。

在企业的选取上，我们选取了当地最大的3家大型企业，考察了它们从建成到壮大各个阶段的发展事实，同时也考察了2家以生产差异化产品著称的小企业，并对地方政府和为这些企业提供市场服务的企业进行了访谈。

4.3.1.2 模具制造

模具产业被称为工业之母。模具产业由于其本身具有技术精度高、复杂度高以及高度定制化的特点而同其他产业形成了极大的反差。相对于汽车制造、医药制造等直接面向消费者的产品，模具产品最大的差别在于其高度的定制化。通常模具的需求量很小，一般的制造企业一次只需要一副模具，但对生产产品的设备的要求却很高，同时产品的精度直接决定生产出来的产品的质量。选择这一地区和行业的原因在于其早期的交通和信息比较闭塞，但在早期的竞争中通过有利的条件生存了下来。同时，模具行业本身的技术性、定制性特定使其和其他产业形成鲜明的对比。例如，定制化产品与其他大规模生产的产品相比存在一个巨大的好处，即基本上在生产每一幅模具之前，模具生产企业都需要首先获得定制方提供的三分之一的产品订金，这些订金足以保证企业生产出来的产品不会亏损，因此对于模具生产企业来讲，如何让其他企业信任或者表明自身有生产相关模具的能力就显得尤为重要，同时模具生产企业并不需要具备很高的创新能力，而是要能顺利理解模具需求方提供的设计图纸并进行精确生产。

这个数据集中包含了8家企业、2个政府机构及1个行业协会的资料。在企业的选取上，主要还是以发展相对稳定并且具有一定生产规模的企业为主，并且有2家企业被业内广泛认可并在当地具有很强的带动作用。

4.3.1.3　汽摩配制造

温州地区作为中国民营经济发展的"示范区"，体现了草根经济所特有的活力。温州地区地处偏远，交通闭塞，但因改革开放后的显著发展而被冠以"温州模式"，之所以选择温州汽摩配行业在于我们对温州模式的认可以及汽车行业本身在整车生产方面具有很高的资本壁垒。但温州地区由于对亲情网络关系的有效利用，很多企业在生产产品的初期具有很高的产品专业分配特性，高度的专业化分工以及对亲情网络的应用使得汽摩配行业同其他制造行业形成了鲜明对比，同时汽摩配产品的最大特性在于其本身的配套性，大企业通常将产品供给配套厂商，只有少量的产品流入维修市场，因此对于这些企业来讲，外部环境相对稳定，模仿带来的影响不会像其他行业那么严重。

对于温州的汽摩配行业，我们对当地5家汽车配件生产企业和1家汽车整车生产企业进行了访谈，同时我们还对汽摩配行业协会进行了相关调研。

4.3.1.4　医药制造

我们还对同处温州地区的两家医药和医药设备制造企业进行了访谈。对这两家企业进行访谈主要考虑医药行业的生产具有很高的排他性，相比于其他类型的产品，医药类生产许可证的获得要难得多，虽然珍珠生产和出口在山下湖地区也曾受到政策条文的限制，但医药生产相对于农产品制品来讲具有高知识、高技术密集度的特性，因此在生产产品的性质上具有较高的可比性。同时，相比于其他地区的企业，这两家企业在发展的初期具有集体性质，因此，通过对这两家企业发展历史的分析，以及对在这个过程中出现问题的理解，我们能够很好地理解企业治理结构带来的影响。

在这一行业企业的选取上，我们选取了2家具有生产资质的医药及医药设备制造企业作为调研对象。

4.3.1.5　竹制品

相对于其他地区，安吉在地理条件上具有一定的优势，但同山下湖地区相比，其生产的产品主要以农副产品为主，在发展的初期很大程度上要依赖于地区内部的资源，即有一定的资源禀赋特性。但不同的是，竹制品是大宗需求型产品，其面向的对象不同于珍珠行业，在一定程度上是大众生活的必需品。同时，同珍珠行业相比，竹制品的需求相对稳定，受到的外部冲击主要来自替代品如塑料制品，受到不可预测性的不可抗力的影响相对较小。

在竹制品行业的调研中，我们走访了几家在当地发展相对比较好并且被业界认可的企业，以及政府部门和行业协会。

4.3.1.6 竹机械

竹机械企业被纳入调研原因在于，它是一家由本地产品需求而发展起来的企业，相对于其他制造企业，竹机械企业主要是为本地企业服务，并且很多时候，各种竹制品企业为了能够保证本身产品生产的顺畅，在开设新工厂的时候，会要求竹机械公司提供专业的技术人员来给予指导。因此，相对于其他企业，竹机械企业同时提供了服务性的生产活动。当然，我们希望这种基于公共技术服务性质的平台型企业的出现，能够很好地解决企业在专用性产品（人才）上的问题。

对于这一样本，我们依据地区企业的发展状况，选取了一家当地最大的企业作为调研对象。

4.3.1.7 其他非生产型单位

对于其他非生产性企业，我们主要调研了地区行业协会以及地区政府机关。对于企业的发展，很多企业对外部环境的描述可能更加偏向于本身企业所处的环境，而引入这些非营利机构或者提供服务的机构，能够很好地判断企业描述的准确性和一致性。同时，政府机关对于地区行业的发展环境、当前经济状况、地区经济特性具有一定的整体把握能力，通过整合它们对地区发展的理解能够对调研形成很好的互补性。

对于这一样本，我们选取了当地 3 家行业协会以及 6 个政府机构，这些政府机构与这些企业都有直接联系。

4.3.2 数据来源

4.3.2.1 访谈

对企业的访谈主要集中在 2009 年 6—8 月、2010 年 6—8 月以及 2011 年 6—8 月[①]，这主要是为了迎合调研人员的时间安排。在这段时间中，我们总共调研了超过 40 家单位，但在研究样本的选取上，我们选取了其中的 39 家。表 4-1 列出了访谈的相关企业名单及被调研企业人员的职位。

---

① 笔者感谢范依琳、张超群、熊磊、陈小玲等人在调研过程中提供的帮助和支持。

表 4-1　访谈地区和单位的目录

地区	单位	参与访谈人员的职位
诸暨山下湖	某珍珠股份有限公司	董事；副总
	佳丽珍珠有限公司	总经理
	山下湖股份有限公司	办公室主任
	华东国际珠宝城	董事长；副总经理
	诸暨圣嘉特珍珠首饰有限公司	总经理
	诸暨市唐萃珠宝有限公司	董事长
	镇政府	副镇长；某药业有限公司董事长；某珍珠生物科技有限公司总经理；某省级科技创新服务中心主任
黄岩	某省黄岩模具行业协会[ab]	主任
	某省黄岩经贸局[a]	科长
	某模具有限公司	总经理；局长，副局长（黄岩科技局）
	黄岩科技局	局长
	陶氏磨具集团公司[a]	行政主任；加工中心主任（机械工程师）
	凯华磨具有限公司[b]	办公室主任；内部培训讲师
	美多模具[b]	办公室主任；营运总经理
	精惠普模具[ab]	总经理
	某模具机械有限公司[b]	行政副总经理；研发中心经理，总经理
	北方模具[c]	总经理
	塞豪模具[c]	办公室主任
瑞安	瑞安汽摩配行业协会[a]	秘书长；科长
	瑞立集团[a]	厂报总编
	利丰电器	董事长；办公室主任
	某省天瑞药业有限公司	经理助理
	华尔达集团	副总
	长城换向器有限公司	人力资源部部长
	恒光	董事长

续表

地区	单位	参与访谈人员的职位
瑞安	某省中欧国际集团	经理助理
	华联制药机械股份有限公司	董事长，总经理
安吉	经贸委	局长
	科技局	局长
	安吉登冠竹木开发有限公司（竹印象品牌）[b]	董事长；经理（技术）
	安吉德迈竹木机械有限公司[b]	董事长（兼任安吉县竹木机械行业协会会长）；总经理
	安吉林业局、竹产业协会	主任（兼任安吉县竹产业协会副会长）
	金茂竹木家具有限公司	总经理；副总经理
	鑫凤竹木地板	总经理
	天下竹业[c]	副总经理
	天振地板[c]	董事长
	永裕[c]	董事长
	安吉发经委[c]	副主任
	永裕竹业[c]	行政部
总体调研企业数量	29	
行业协会	3	
政府机关	7	

注：a. 表示在第二轮调研中进行了互补性的调研材料收集，第二轮调研主要集中在 2010 年 6—8 月。

b. 表示在第三轮互补性调研中又跟进了相关企业。

c. 表示材料收集于第三轮互补性调研过程中，第三轮调研主要集中于 2011 年 6—8 月。

我们的调研全部为实地访谈，调研人员必须参与到调研中，对于不同的地区，参与调研的人员可能存在差异，但一般至少有 4 人，人数最多的是在山下湖地区的调研，我们投入了 7 人的调研队伍。当然，在调研过程中主要使用中文进行交流，在整个调研完成的时候，我们获得了所有访谈单位的原始调研记录。在调研的过程中，我们采用录音以及笔记的方法来记录相关访谈要点，每次调研访谈至少持续 45 分钟，最长的一次超过 2 个小时。在进行原始记录整理的时候，每个调研企业都由专人负责，并且整理工作要在调研结束的当天晚上完成，这些都要在事先安排好，并且在事后整理的时候要对照录音仔细整理，调研组长在收到整理完的访谈记录后发给组员，大家共同检查。

在访谈的过程中，为了能够最大限度地理解如何通过改变交易成本来推动地区内部生产主体集聚进而带来市场结构改变，我们的访谈主要从了解企业的发展历史开始，包括当时企业最初的生产产品、外部的环境、企业的相对技术水平、政府的相关支持等。通过这样的开始，我们能获得阻碍企业进入这一领域并且对持续发展形成关键性作用的内外部条件。

当提到和交易成本相关的主体时，我们会进一步细化深挖下去，要求被访谈者谈谈地区、企业是如何通过不同的方式、行为来克服这一阻碍的。当然，有时候我们发现有些现象在一家企业被提及，但在另一家企业未被提及，因此为了提升研究的内部效度，我们还会将在其他企业获取到的相关信息描述给这家企业的被访谈人员听，让他对这一现象进行评判。

并且，在这个访谈的过程中，我们会不断增加访谈内容，尤其是那些未曾在其他地区提及的或者自身未在原始访谈中加入的材料，我们会在新一轮的调研中加进去。比如在山下湖地区调研的过程中，我们被提醒：亲戚间的关系借贷、同乡间的关系网络是小企业在不能获得贷款情况下，获得融资的重要来源，于是我们在温州也将相关问题向相关人员进行提问，并且在一个更加理论化的层面上，我们提到这种关系借贷、同乡间的关系网络是否具有更高的信任关系，以及企业之间通常是如何建立这种信任氛围的。这些基础材料对我们未来的研究模型的整合起到了非常关键的作用。

4.3.2.2　调研参与者的观察

相对于调研记录，我们还在调研完一个地区后依据我们的调研记录出具了一份调研报告。与调研记录不同，调研报告要求参与调研的人员依据原始的记录并结合自身的理解来进行写作。在这个过程中，参与调研的人员都参与了撰写，调研报告的格式经过严格整理，不再是按照对话的形式简单罗列。当然，在写作的过程中，这一报告仅作为参考来用，编码的内容主要基于原始的调研记录，增加这一环节主要是为我们整体的研究服务，同时笔者尽可能地收集外部对交易成本的理解，降低笔者在研究中的理性约束。

4.3.2.3　档案资料

档案资料包括地方年鉴、地方官方网站。对于档案资料的获取，主要是需要进一步证实我们在访谈中获得的部分资料，以及增加研究的信度，同时提升我们对地区、企业所处不同阶段的理解。当然，对于这些信息我们只是作为参考，主要原因在于，大部分企业本身的环境并不能直接从档案资料中获得，如企业之间的联系，这种企业个体情境化的资料不太可能在档案资料中获得，因此我们未将这些档案资料也加入编码中，只是当作一种互补性的证明材料。

4.3.3　数据分析

4.3.3.1　分析过程

本研究将分析过程分为两个阶段，第一个阶段主要依据案例的材料对区域内如何进行交易成本调控进行了分析；第二个阶段主要采纳了第三章在推理的理论过程中归纳的相关概念，分析在新兴市场中平行支点的形成。同时，依据网络层级自由度竞争等相关理论推理交易成本同各类自由度之间的作用机制过程，即在机制分析中主要运用了理论化的推理方法，而在相关维度的获得上主要基于前期的理论推理以及对前期调研材料、分析结果的梳理。

第二个阶段研究主要依据理论分析推理了随着对交易成本的调控，市场会如何依据主体的网络层级自由度竞争、利基市场宽度理论以及网络层级自由度升级性下沉，推进产业链网络在正规和非正规层级市场衍生，为产业链创造出不同类型的自由度形成模式，同时推动新兴市场平行支点的形成。依据新的产业链生态网络的衍生过程的特征归纳出新兴市场构建高层级自由度交涉权利规范的过程，有利于理解推动新兴市场更多主体获得高层级自由度交涉权利的制度建设目标。

在研究交易成本形成维度及其改变机制的时候，研究主要分析了企业外部环境的改变性活动。而在这种环境背景下的企业和各类政府、非政府机构都能够有效地观测到这种变化，并能够提供不同的视角，有利于进行三角验证和不断丰富它们对环境的观测。在这样的情况下，研究主要对企业和各类政府、非政府机构的访谈材料进行分析。

为了区分不同的与交易成本相关的构念，我们对访谈资料进行了系统分析，主要包括两个方面的内容，在分析中区别出那些能够明显反映交易成本影响因素的相关描述，进一步理出了用以区别这些构念的差异维度的描述。在最初的分析中，我们列出了访谈中可能涉及交易成本的相关描述，并且对这些描述依据相应的构念进行了相应的归类，对应于这些描述，我们同时获得了在不同的交易成本影响因素下相关参与者为了改变交易成本而采取的相关行动。当然，在早期的分析中，我们对各构念的描述主要按照最初的模型来进行，同时对于这些编码我们也会相对非学术化，比如我们直接利用"认识""物质资源""信息""沟通""地理""交通"等进行编码，但随着对各个企业所描述的内容的不断编码，发现很多时候虽然因素以不同的描述方式出现，但所描述的内容是一致的，因此结合前期的研究模型，我们将几类最经常被提及的因素进行归类，最后将它们同我们最初的模型相结合，于是交易成本影响因素的构念被划分为"交易频率""信息对称度""资产专用性""气氛"。根据理论分析以及新出现的现象和描述的因素不断增加，修改我们不同阶段间的相关问题。同时，随着我们研究和调研的不断深入，对于可能获得的相关认识具有越来越高的可预测性，某些因素在不同地区表现得越来越明显，同时，为了弥补最初调研中的不足，我们在第二、第三轮调研中也会将相关最新发现纳入问题中。总的来讲，对于这种理论的优化过程，我们依据不同的调研类型和区域至少做了三轮的持续迭代和优化。

而作为获得制度特权自由度交涉权利的前提，研究在后期资料整理中还依据现有的理论将相关群体的状态维度定义为"主体稳定程度""外部支撑程度"。进而结合前期的案例分析结构，分析了交易成本改变如何促进市场主体状态层级提升。研究把自由度的促进机制通过理论推理依据产业链的衍生阶段将自由度的形成过程依次划分为技术自由度、市场自由度、文化自由度、法规自由度等核心要素，进而对交易成本改变和市场集聚以及由此带来市场层级结构的改变进行了重新连接。

4.3.3.2　情境变量

对于一个特定的区域或者单位，其在不同的背景下可能面临不同的问题，因此我们需要做的不仅仅是给出影响这一单位交易成本的因素，最大的价值在于，在什么样的情境下通过改变何种交易成本影响因素能够最大化地降低各类企业参与、分享的壁垒。比如说，如果我们了解了各类行为影响因素起作用的情境，能够更有效地采取对应的措施，如建立良好的相互信任的气氛，那么在什么情况下企业可能更需要加强这种相互信任的气氛。因此，我们还依据访谈中各相关人员描述的企业内外部、地区内外部的环境进行了特定情境的编码，在可能的情况下，我们也通过描述档案数据来补充我们的材料，比如说统计年鉴、政府或企业的官方网站，通过对这些资料进行结合分析，我们可以清楚地了解地区内单位采用这一行为时所处的情境。通过对材料的分析，我们最终将获得的编码划分为：环境特性、产品特性以及企业特性。

4.3.3.3 研究背景

在资源和自由度稀缺的情况下，政策是影响边缘市场发展的主要决定因素，市场化的运作受政策的影响比较大，因此此时集群或地区的发展和生产主要与地区的政策体制有直接的关系。市场无法自由掌控，资质薄弱，无法通过市场竞争进入政府采购渠道中，有政府限价约束。同时，企业也需要自己通过香港进行国际贸易，且进出口权也未完全开放。但是国内资源紧缺，为企业寻找有价值的市场机会提供了切入点，因此市场需求也为当地企业的发展提供了进一步发展的机会。国内整体生产消费水平低，人力成本优势明显，但技术程度低，产业链单一。集群产业链配套缺乏，专业化分工程度低。内部基础设施落后，企业的生产销售主要依靠集群的外部销售人员。此时生产的产品主要是低端产品，以手工生产为主，技术上存在比较大的不足，同时由于生产设备的限制，产品技术相对比较低端，不具备同国际市场上其他企业进行竞争的实力。整个产业在经历了几十年的发展后，仍然处于零星分布状态。

管理人员和企业负责人主要以当地农民或者从国有企业出来的员工为主，拥有一定的技术背景，但没有过多的管理、金融以及市场运作的背景。企业的生产主体主要以小规模的个体户为主。

4.3.4 底层新兴市场政府和市场主体自由度约束的体现

4.3.4.1 网络层级外部支撑程度

网络层级外部支撑程度主要体现为在相同的网络层级下主体能够获得多个不同部门的要素支撑，以为获得更高的自由度提供必要的资质和权利。本研究表明，市场主体外部支撑程度越高，其对于市场层级的提升的速度越快，越能够有效地推动市场整体自由度的提升。在市场自由度不断提升的背景下，持续的高层级消费群体的引入会不断推高市场的消费成本并最终带来市场整体的消费升级，进而推动产业链衍生到不同类型的高层级市场规范的制度边界。通过持续的产业链的竞争带来资产专用性价值的下降以及市场资源稀缺性的下降，推动高层级市场产业链的解体和转移，并通过引入特权或者高层级产业链边缘群体的方法推动产业链的重构，带来更多的主体获得高层级网络的资质，从而通过和具有较高外部支撑程度的主体合作能够更快地提升市场中各类主体获得自由度交涉权利。

在现有的系统下，底层新兴市场在外部支撑程度上相对比较缺乏，这就导致市场上形成较大的权利获得约束。一个直接的体现就是整体环境的配套，由于农村地区市场配套缺乏，不同类型的市场主体对于进入这些地区存在犹豫。如我们研究过的一家企业这样表达留人难的问题："对于留人的环境问题，人才政策不够有吸引力。像我们这些企业离县城较远，周边的娱乐、生活环境、医院、学校配套不够，包括子女入学等问题。高端人才的家庭问题、生活问题远不止这些，比如同一个人在上海工资 10 万元一个月，在安吉就要 20 万元一个月，这给企业带来很大的负担，但他还不愿意来。"

在生活环境之外，还存在技术产业链配套的约束。新兴市场本身在生产专业水平上相对比较低，这就使得配套企业形成专业化支撑的能力比较弱，尤其在生产配套基础的供给上会差很多。一家被研究的企业这样描述这个问题："这不像国外的大企业，人家都是配套的，签全球协议的。沃尔玛进来的时候，融资机构是哪家，审计机构是哪家，物流系统是哪家，你这家店开到哪里，我的服务就跟到哪里。如果从这个角度来讲，中国的珍珠行业还达不到这样的高度"。由于缺乏比较好的生活和生产配套，在整个市场中新兴市场的生产环境、氛围和那些集聚程度高的产业区域会存在一定的差距。

另外就是产业链配套氛围上的影响。在信任程度不够的情况下，主体能够获得多部门主体支撑的可能性更小，一家被调研的企业这么表达它对信任氛围的看法："举个例子，我们在蚌产生珍珠的过程中会进行插片，我们现在使用自己开发的两种药水，促进伤口愈合和珍珠囊的形成，五年前我们就开发出来，一直在用。某些养殖户觉得不错会向我们要，我们也会卖一批给他们，但是我们不会把药水配方泄露出去……"在这样的情况下，主体在这样的市场下能够获得不同部门的网络支撑的自由度相对较低，从而自由度宽度也会显得较低。

4.3.4.2　网络层级主体稳定程度

网络层级主体稳定程度体现为在一个市场中，主体本身的技术层级能够有效地渗透进入不同层级市场的能力。现有的研究表明，网络层级主体稳定程度越深，主体由于能够有效地进入不同层级的市场，使得其产业链能够衍生进入的领域越多，并能够迅速衍生到市场层级的特权制度边界。这使得其在市场结构不断升级、消费不断提升的情况下，仍然能够有效保证自身具有比较高的市场进入能力，并保持一定的市场自由度。随着市场自由度的不断提升，高网络层级的主体稳定程度将推动主体能够不断带动市场消费升级，并推动同特权产业链或者高层级网络产业链的竞争。这使得主体能够随着消费升级最终有效地推动特权产业链的解体或者转移，并带动更多的主体融入特权资质，从而随着市场消费升级，推动市场主体获得更高层级自由度交涉的权利。

在现有的系统中，主体稳定程度首先体现在能够获得更高程度的技术支撑，其次则是能够获得更多政府资源的支持。一个企业如果能够拥有更多的技术储备，那么在整个市场上能够获得的资源、补贴和配套就会更多。如我们研究的一家企业这样表达技术深度缺乏可能带来的约束："小企业肯定很难及时捕捉到市场信息。只有车子上市以后才能知道车灯是什么样子的。如果车厂在设计的时候就把数据发给我们，我们根据这些数据提前帮它们做，这样客户需求发生更改的话，我们会第一时间知道。如果你不参与客户开发，就永远不知道这个信息"。对于市场上需要保持长期竞争力的企业而言，如果不能及时获得必要的信息，形成自身独特的信息获取能力，在市场上的自由度空间就会相对较低。

主体稳定程度高的企业在市场上也更加容易获得更多的权利和资质，推动主体获得各类产业网络的准入资质，尤其是来自政府提供的独特的资质。如新兴市场上的企业这样表达对高层级自由度权利的需求："产品的生产还是受到国家控制的，国家不给你批文，你就不能生产相应的产品，这样保证了产品的生产空间。"在这样的情况下，企业缺乏足够的政府提供的准入资质，将可能导致企业在未来的市场开拓和资金引入上受限。这就必然导致市场主体稳定程度低而形成自由度交涉权利的约束。

网络层级状态下市场主体权利约束的表现如表 4-2 所示。

表4-2　网络层级状态下市场主体权利约束的表现

自由度形成的核心要素	网络层级状态下自由度约束带来的权利缺失体现	
包容性提升的体现	对于留人的环境问题，人才政策不够有吸引力。像我们这些企业离县城较远，周边的娱乐、生活环境、医院、学校配套不够，也包括子女入学等问题。高端人才的家庭问题还不止这些，生活问题还不止这些，但他还不愿意来，比如一个人在上海工资10万元一个月，在西安可能就要20万元一个月，这给企业带来很大的负担，但他还不愿意来	实际上政府也很痛苦，如果说给你创造的便利条件多而你条件不好，它就不再给你创造。现在提倡企业兼并，现在说黄岩土地紧张，实际上不紧张，好多工程都被限制了
高层级自由度交涉权利	模具不会这么难，5+3=8，7+1=8，4+4=8，方法都是一样的，只不过方法可能存在不同，每个人总会有办法解决。外国的东西东都可以做，大家总能想出办法的	好的项目实际上涉及政府的关系都好补贴。一般实力强的企业和政府的关系都好
外部支撑程度	我们在北京闹市区有几家店，主要是首饰专卖店。在杭州大厦对面浙江展览馆有7000平方米的综合性的包括珍珠、钻石、黄金、翡翠等国内顶级的珠宝商场，吸引国内顶级的珠宝去那边销售。还有香港尖沙咀附近，在香港就是国际窗口，用连接国际信息。香港作为一个出口的渠道。因为世界上有些客户不愿意到诸暨、杭州来，更不愿意到山下湖来。在产品设计方面，香港那边有设计人才，有世界上顶级的设计人才，但是这些设计人才不愿意来这边	这不像国外的大企业，人家都配套的，签全球协议的。沃尔玛进来的时候，融资机构是哪家、审计机构是哪家、物流系统是哪家。你这家店开到哪里，我的服务就跟到哪里。如果从这个角度来讲，中国的珍珠行业还达不到这样的高度

续表

包容性提升的体现	自由度形成的核心要素	网络层级自由度约束带来的权利缺失体现
高层级自由度交涉权利	外部支撑程度	举个例子，我们在蚌产生珍珠的过程中会进行插片，我们现在使用自己开发的两种药水，促进伤口愈合和珍珠囊的形成，五年前我们就开发出来，一直在用。某些养殖户觉得不错会问我们要，我们也会卖一批给他们，但是我们不会把药水配方泄露出去 在模博大楼办公的几家企业，本身都是理事、会员，会长单位，这几家企业相对来说在黄岩那么多的企业中，大致是产值、技术力量达到一定水平的 小企业很难及时捕捉到市场信息。只有车子上市以后才能知道车灯是什么样子的。如果车厂在设计的时候就把数据发给我们，我们根据这些数据提前帮它们做，这样客户需求发生更改我们会第一时间知道。如果你不参与客户开发，就永远不知道这个信息
	主体稳定程度	我们的符合条件的正申请政府的补助，也在争取，有门槛的要看门槛有没有达到 一个是看你工厂的实力，这是基本要求，比如说一个小作坊，协会就不会要你，你自己也觉得不好意思。然后你还得认可协会的一些条例，另外，要求、工厂加入会要交一些费用，因为协会本身没有钱，组织活动的费用要各工摊 产品的生产还是受到国家控制的，国家不给你批文，你就不能生产相应的产品，这样保证了产品的生产空间 在产品雷同的情况下，就涉及产品的质量。品质是最关键的，还有竹纤维，品质是有就是品牌，早几年我们做凉席吃亏在没有品牌意识。我们公司的产品若有质量问题将全部由公司承担。现在竹纤维是有所谓的行业标准，纺织品是有国家标准，但真正的竹纤维标准还没有，我们做出来的产品要送到权威部门让如纺织品协会、方圆检测、天竹联盟进行检测。现在市场上的产品良莠不齐，你说你是竹纤维，你的含量是多少，用什么来评判呢

4.4　底层新兴市场主体如何提升
自身的网络自由度层级

4.4.1　探测阶段：政企合作调控市场交易成本、
探测性引导与引导性溢出引入

本研究结合现有理论以及实地调研的分析结果得出了四个影响交易成本形成的因素，包括"信息对称度""气氛""交易频率""资产专用性"。对于相关构念的描述放在本章的表 4-2 中，而区别这些构念的主要维度则放在表 4-3 中。

表 4-3　区别各影响因素表述的不同维度

差异维度	信息对称度	气氛	交易频率	资产专用性
最终结果	信息 1999 年成立协会……功能是信息功能，反馈、发布信息……外地过来洽谈业务，向其推荐产品	信任 我们都签订协议的，不牵涉对方产品的核心技术……产品的核心外观设计上的绝对不会透露	交易内部化 通过提供养殖技术服务、培训来控制上游，自己有养殖基地……养别人养不了的东西	公共服务性资源 成立一个技术平台，集中行业的力量……外聘技术人员搞研发，成果出来后拍卖、共享
实现方法	信息平台搭建 ERP 系统的效果不是非常好，但也起到了作用，可以节省时间、提高效率	沟通网络 像我们在深圳的分公司，与当地这类 30 多家公司共同建立了人力资源网，相互了解各自离职员工的情况……	空间替代 更注重市场，纷纷到香港开分公司，跳过香港的中间商，自己去接纳国际客户	公共服务平台 我们……企业做换向器比较好，而其他企业的产品质量无法识别，就拿到我们这里来检测
决策准则	最大化 分公司 100 多家，经销商 800 多家，（营销、信息）网络非常好	共赢 一定会提供（设计图纸）的，合作共赢嘛，技术上共同进步，如果我们的产品做不好，也没法儿装到汽车上	共赢 希望与自己的供应商建立长期的合作共赢关系，也帮助供应商实现技术改进，会派相关的技术人员、工程人员、质量人员去	最优化 以前……不同产品由不同制造厂生产……发现资源整合的重要性……形成一个大的生产、大的制造

续表

差异维度	信息对称度	气氛	交易频率	资产专用性
分析手段	风险和成本 选标准件要适合国情……价格不是说差三分之一，有可能是成倍的差……外面的小厂为了赚钱，材料质量这块就差很多……很多情况下产品加工不到位，要靠钳工修调	信任和成本平衡 骨干的留有很多方面，包括老板的信任，有意识地去培养他，让他感到信任。待遇方面，不会因为特别信任你给你的钱就多，因为要考虑员工间待遇的平衡	成本与收益 减少库存，与相关强力企业进行合作（知名品牌的企业），低成本扩张	成本与收益 企业将整车的模具生产承包过来，到时候再分解相应的生产，将自身的产品分给各个车间生产
关注的焦点	交易对象 对供应商等级评价，对A类供应商提供资金、技术、信息支持，还可以提供预付款	环境氛围 大企业互相之间有一种默契，不赞成员工流动	交易模式 通货……2006年以前在做，以后就开始转业，不再直接转卖，而是通过加工增加价值。养殖业不再养殖，而是开始专业化运作	专用性资源 像正太、长城等，它们通过知识产权保护获得了飞速发展
远期形势	透明度 ××大学教授、博士不懂珍惜，前面2～3年在培养……形成标准化养殖（体系）	信誉度 我们的信誉很高的，不成问题，都上市融资了……	一体化整合 做直销，将产品直接销售给客户，不设办事处等机构	公共资源定制化 行业协会提供平台（进行特定产品的深加工）

注：每个单元格内的引用都来自原始访谈记录。

4.4.1.1　信息对称度

在这里，我们将信息对称度定义为交易双方相互的了解程度，信息获取的一致性以及个体本身获取信息的能力和方便程度（Nayyar，1993）。从我们的访谈结果来看，通常各单位认为提升信息对称度的方法包括建立合适的信息渠道网络，如利用信息技术建立信息技术平台，或者在企业之间建立相互联系的网络渠道以及扩大企业品牌的影响力等；同时还可能通过改善基础设施来推进信息的扩散，如改善交通设施等。当然，建立专业的中介信息机构是他们最经常被提及的方法，如建立行业协会，事实上对于大部分被访谈的地区，他们都非常注重中介机构在信息发散和收集上的功能，而在企业内部，标准化生产流程、推进产品生产系统认证和利用信息系统替代存在多个生产环节的传统生产流程被认为是提升企业内部信息对称度的有效手段（Nayyar，1990）。

相对于其他影响交易成本的因素，信息对称度有其本身的特色。对于信息对称度来说，企业在推动提升信息对称度的目标上，主要聚焦于信息的获取上，在地区内部的发展或者企业内部的发展上，信息资源的提供不仅仅是为了提供企业生产产品的信息或者销售产品的渠道，同时也能为企业内部建立更加顺畅的沟通渠道或者有效的信号传递渠道。如在我们访谈的企业中，有一家企业就这样说道："如果我们没有通过 TS16949，别人就不会与我们合作；甚至有些国外客户，如 GE 之类，我们若没有通过18000 认证，就不会与我们合作"。很显然，有效的信息传递渠道是企业获取参与生产、同客户进行交流的基础（Nayyar，1990）。这已经不仅仅是企业通过有效的信息发送来降低推销成本或者生产中的协调成本，而是直接关系企业通过信息的发送，使得其能不能有效参与到生产系统中去、获得生产的机会以及参与的机会。同时，有效的信息渠道还关系企业是不是有机会能够获得更加稳定的生产订单，如对于汽摩配企业，提升产品质量信息发送是企业维护生产稳定性的重要原因，因为高质量的产品使得它们能够获得其他汽车生产厂家稳定的配套市场的订单，这对于企业长期的发展具有积极的作用。同时也有企业提及，如果企业之间拥有更加顺畅的信息沟通渠道，那么对于企业之间建立起相互信任的机制具有积极的作用。一家被访谈的企业这样说道："像我们在深圳的分公司，与当地这类30 多家公司共同建立了人力资源网，相互了解各自离职员工的情况。"在这种完善的信息渠道的背后，信任机制的建立是企业降低未来投入损失的重要方法，在这种情况下，企业通常会拥有更大的信心来推动员工的培训。

信息对称度关注的焦点更倾向于交易对象本身，在远期的目标上则主要希望提升交易双方的透明度。如在交易的过程中，企业对本身具有长期交易关系的供应商进行等级评分，只有那些具有较好的评定等级的供应商才可能进入本身的采购渠道中。事实上，在提升信息对称度的过程中，提升对外信息的发送是一种方式，改变企业内信息发送方式也是一种有效的方式，标准化就是一个明显的例证（Nayyar，1990）。企业为了降低信息不对称，很多时候可能采用标准化的方法来实现整体协调上的成本，如在生产的产品中加入标准化配件或者为自己的生产流程定制标准化的生产流程，事实上，在模具的生产中，当地的行业协会就在努力推行模具生产的标准化流程，其中包括原料、工艺、配件等方面的不同标准，并给出了具体的参数要求。

4.4.1.2 气氛

气氛在这里主要关注的是企业之间形成一种相互信任的氛围，但信任不是唯一的目标，有时，区域内的竞争性企业也希望能够形成一种非竞争性、善意的氛围（Larzelere & Huston，1980），尤其是在人力资本的获取上，如被调研地区的很多企业都提及在人才的获取上非竞争氛围的重要性。改善和提升地区内部氛围的手段可能包括建立良好的沟通网络，一方面能推动信息的沟通，另一方面也能推动企业之间非正规交流的推进（Gulati，1995；Doney，Cannon & Mullen，1998），提升相互之间对人力资本的了解程度。在有些时候，通过利用本身的亲戚网络来推进生产或者获取资源也是建立相互间信任氛围的重要手段。如一家被访谈的企业就这样描述道："一线员工的流动性比较高，中高层之间一般都存在亲戚关系，相互比较信任，很少流动……""小企业（在贷款上）肯定相对比较麻烦，它们需要靠亲戚之间的相互借贷，这是比较频繁的……"关系化交易网络也是改善交易双方交易气氛的重要手段，如汽车生产商为汽车配件供应商提供免费的技术服务，从而建立起上下游之间交易者的伙伴关系（Lindskold & Bennett，1973；Larzelere & Huston，1980）。

大多数的情况下改变气氛的最终目标是建立一种相互信任的氛围，无论企业之间是不是签订正规的或者非正规的协议，为降低潜在威胁带来的成本，它们更倾向于提升相互之间的这种默认的信任气氛，如"我们签订协议，不牵涉对方产品的核心技术……产品的核心外观设计绝对不会透露"。很明显，这种相互信任的以及非竞争性的氛围的建立，在很大程度上提升了企业在远期投入上的积极性，提升了企业内部员工提高技术能力的积极性（McAllister，1995），同时更有利于企业获得外部稳定的客户资源（Doney，Cannon & Mullen，1998）。

建立这种氛围重要的焦点在于形成什么样的环境，而在这个过程中最重要的决策准则在于是不是能够形成共赢的局面（Beamish & Banks，1987）。如一家被访谈的企业这样说道："会为我们的供应商提供相关培训……希望与自己的供应商建立长期合作共赢的关系""我们希望通过培训来提升供应商的产品质量，以保证我们产品的质量。"为了提升这种氛围，企业之间可能会通过持续的沟通或者建立一种默认的机制，虽然没有一个成文的规定，但业内人士都普遍认可。

通常来讲，企业是不是会倾向于去建立这种相互信任的氛围，主要取决于企业之间或者企业内部的信任提升和外部资源的投入成本的平衡（Buckley & Casson，1988），如果能利用非正规网络或社会规范建立这种相互信任的氛围（Doney，Cannon & Mullen，1998），这将是它们最希望看到的，如非正规网络内部的借贷。而一旦这种交易关系可能存在不确定性，可以采取正规文件合同的形式以规范相互之间的信任、忠诚关系（Oliver，1990）。或者，有时候通过投入资源提升本身在这一领域的知名度，通过加入某一组织如行业协会中以提升外部对它的信任，也可能通过积极的培训和同那些具有较高知名度的企业合作来实现，但在这个过程中，由于议价能力上的差异势必使得企业在收益分享上会受到大企业的影响（Blyler & Coff，2003）。

4.4.1.3　交易频率

交易频率意味着交易双方交易的次数。与其他影响因素不同，交易频率的影响在于企业内外部生产带来的差异，通常它的影响会导致最终企业的生产模式的改变，如形成一体化的生产流程，整合上下游供应链等（Kochhar，1996；Oliver，1990）。如在对珍珠生产企业的调研中，很多企业都谈到"通过提供针对养殖技术的服务、培训来控制上游"，而事实上，大多数企业基本都拥有自己的养殖场，专业做通货的企业越来越少，即使是专业从事珍珠产品制造、加工的企业也都会有自己的养殖工场[1]，事实上，这种内部化手段也是企业降低外部交易频率的有效手段。通常来讲，这种内部化，不仅包括生产流程的内部化，很多时候还包括人才、资本和外部营销渠道的内部化，如有些企业利用外派培训的方式提升企业在这一领域的知识和技能，通过这种方法减少外部专家的聘请。这事实上在一定程度上反映了交易频率本身所关注的焦点"交易模式"，这是交易频率同其他因素最主要的区别之一。

内部化不仅是企业降低交易频率的一种重要手段，也是改变交易频率带来影响的最终结果。相对于其他影响因素的影响，交易频率具有更加外在的特性，同企业本身所拥有的能力的相关性更小，而同企业本身整体交

---

[1]　虽然自身养殖可以控制产品质量，但控制交易频率过高和不确定性带来的成本也是一个重要的方面。

易的规模及外部竞争者的规模的相关性较大（Oliver，1990）。如果说企业受到交易频率带来的交易成本上的影响，那么采用空间替代的方式是企业经常采取的行动，如由于原材料外部竞争激烈，为降低原材料供给的不确定性，很多企业都在国内外建立直接的销售和生产基地，或者将需要长距离运输的资源内部化。针对交易频率过高的问题，有时候还可以利用高端的信息技术来解决距离和交易频率带来的影响，如专业的咨询服务，在信息技术相对发达的地区，可以直接采用技术替代时空来实现，在我们的访谈中就提到了关于"人力资本内部化以替代远距离专用人才资本"，以及"内部化相关生产、销售渠道"以实现改变交易频率带来的影响。

对于受到交易频率影响带来交易成本的企业，成本和收益分析是企业进行各种决策之前的基本方法（Kochhar，1996；Walker & Weber，1987）。同信息对称度的基本准则不同，企业或者地区在采取系列决策行为的基本准则上更倾向于实现双赢（Provan，1984；Oliver，1990）。如区域内部交易市场的建立，会直接关系地区知名度的提升以及内部中小企业创业的基础。对于经常交易的企业双方，它们不仅关心自身的可能收益，也会关心对方的收益和相互间的信任，以期达到长期的共赢局面，如一家企业在访谈中这样描述："……希望与自己的供应商建立长期的合作共赢关系，也帮助供应商实现技术改进，会派相关的技术人员、工程人员、质量人员去。"

4.4.1.4 资产专用性

资产专用性在这里包括人才专用、资本专用以及地理专用，通常这种资产具有很高的专用性、排他性（Kochhar，1996），不能被外部利用，如专利等。访谈中企业认为降低交易过程中，资产专用性的方式主要包括建立公共的技术平台以降低专用性技术、资产以及专用性人才的影响；通过提升生产中的范围效应来降低资产专用性的影响，如"在养珍珠的池塘中同时养鱼，以降低生产要素资源的专用性"；同时也可以通过外部知识内部化来降低专用性资产带来的影响，这和交易频率虽然存在一定的重合，但不同的是，交易频率所关注的交易成本在于多次交易带来的成本总和，而资产专用性关注这一资源单次交易给企业带来的成本，关注的焦点在于资源本身。通常来讲，通过专业化分工的方式降低专用性资源高成本的问题是最经常采用的手段，如设备租赁公司的建立以及专用设备的检测服务等。事实上，这是一种普遍的手法，通过提升专用性资产的规模效应来降低企业生产中的成本耗费，如外包业的发展其实和资产专用性直接相关，

一家被调研的企业说："……不可能什么都自己生产，没有能力，也会太
贵……"

相对于其他影响因素，资产专用性和企业本身内部的资源联系更为紧
密，所以关注的焦点更多和资源要素相关。如果企业在发展过程中缺乏相
关资源，在访谈中它们就表现出非常关注是不是拥有相关专用性的资源以
及这种资源带来的影响，如"像正太、长城等，它们通过知识产权保护获
得了飞速发展""最初由于我们企业做的产品比较好，而其他企业的产品
质量无法识别，就拿到我们这里来检测"。专用性资源①的缺乏也是企业
进入生产系统的重要阻碍（Bain，1956），有时候主要以生产要素的形式
表现出来，而对于小企业来说，租赁或者承包大型企业的设施是一种比较
常用的形式（Subramani & Venkatraman，2003），如一个被访谈者这样
说道："在我们这里（黄岩），无论是以前还是现在，很多企业都是拿了订
单，再到其他大企业去租用相关生产设备进行生产。"

如果企业在生产中受到专用性资源的限制，那么在决策的时候会明显
倾向于最优化整个生产流程或者整个生产模式（Dyer，1997；Zajac &
Olsen，1993；Subramani & Venkatraman，2003）。如一家企业在访谈中
这样说道："以前……不同产品由不同制造厂生产……发现资源整合的重
要性……形成一个大的生产、大的制造。"还有很多其他企业更关心生产
中的"资源利用效率"或者"资源的沉没成本"，所以就有很多企业尤其
是中小企业基本上就没有相关生产设备，它们在拿到订单后依靠租赁大型
企业的设备来进行生产。对于这些企业，在进行决策分析的时候，它们会
更加关注投入的资源与获得的收益之间的关系（Zajac & Olsen，1993），
最优化生产资源的投入模式是企业生产中做决策的基本准则。

4.4.2　如何调控市场交易成本

为了更加深入地理解不同的地区如何通过降低交易成本以实现区域内
包容性提升，在下面的分析中，我们将对影响交易成本改变的情境做出更
加细化的分析。本研究主要提出了三方面的情境用以分析影响交易成本改
变的因素：区域特性、企业特性以及产品特性。图4-2给出了在不同的
情境下政企合作调控市场交易成本的机制。表4-4给出了政府和企业合
作改变交易成本影响因素的例证。

---

①　这里的专用性资源主要指制造加工的设备及产地，通常能够通过资本投入解决。

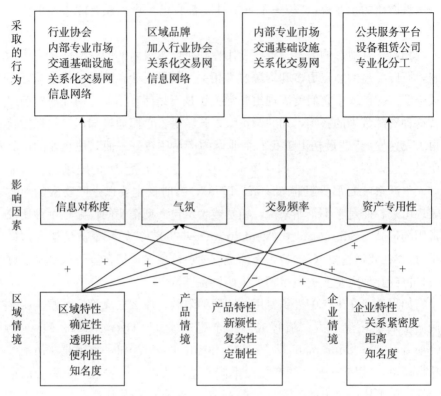

图 4-2 政企合作调控市场交易成本的机制

表 4-4 政府和企业合作改变交易成本影响因素的例证

形成因素	关键行为	相关描述例证引用
信息对称度	政府行为	协会具有信息功能，负责反馈、发布信息，行业通过协会体现，每年都有汽摩配目录，推荐汽摩配产品，外地过来洽谈业务，向其推荐产品
		行业协会提供信息给企业，参展报到协会或者外经贸局，需要跟政府解决的难题也反映给协会
		行业协会如何促进企业联合……珍珠节及珍珠的深加工开发这块，利用珍珠开发深加工的产品
		当地政府、工商部门也在帮助进行规范，现在华东国际珠宝城是第六代，当中有政府的引导。一直到 20 世纪 90 年代末，珍珠价格的起伏波动比股票还要厉害
	企业行为	经常参加国外展销，经常到欧洲柏林、日本、美国参展，有些客户找到你
		10 万供销员在外面，主要获取相关外部需求信息和进行内部采购

续表

形成因素	关键行为	相关描述例证引用
信息对称度	企业行为	如果我们没有通过 TS16949 认证，别人就不会与我们合作；甚至有些国外客户，如 GE 之类，我们若没有通过 18000 认证就不会与我们合作
		ERP 系统的效果不是非常好，但也起到了作用，可以节省时间、提高效率
		老板都在喊品牌战略，但是没有几个人懂，品牌背后的故事很多，我们是积极的推动者
		对供应商等级评价，对 A 类供应商提供资金、技术、信息支持，还可以提供预付款
		标准化养殖模式的最终目的是降低成本、减少污染、提高产量
		从 2001 年开始有自己的网站，网站使用中文、英文、日文、韩文，提升了贸易形象
气氛	政府行为	企业引进高级人才并采取政策扶持、补助措施；瑞安有一个人才村，对外地务工人员给予经济适用房、住房补贴、子女入学优惠；企业有专门的员工宿舍、专家楼、夫妻房、报销春节来回路费、带薪休假。员工外流有一些，但比例不大。大企业互相之间有一种默契，不赞成员工流动
		对恶性竞争，行会会进行处罚
		政府统一搞了中国模具新城，质监局、模协还我们两家陪同单位搞了一个项目，准备引进国家层面的模具检测中心，这对黄岩模具的品牌、知名度提升都有好处，政府也在思考如何把模具产业进行推广，这一点政府相当重视，包括技术创新、技术改革，从政策层面上说，政府这几年下的功夫是很大的
	企业行为	希望与自己的供应商建立长期合作共赢的关系
		一线员工的流动性比较高，中高层之间一般都存在亲戚关系，相互比较信任，很少流动……
		像信用记录一样，瑞安本地还没有建立这样的网络，但一些比较关键的技术人员如压机，这些人的工作环境比较差（压铸温度在 180 摄氏度左右），其他企业过来的这类员工我们也不会要
		小企业（在贷款上）肯定相对比较麻烦，它们需要靠亲戚之间的相互借贷，这是比较频繁的，不借一点，会觉得不好意思，这边圈子比较小
		汽车生产商的下游供应商主要过来提供管理上的指导，有技术需要的话也会支持
		上下游之间交易关系带来的伙伴关系
		我们都签订协议，不牵涉对方产品的核心技术……产品的核心外观设计绝对不会透露

续表

形成因素	关键行为	相关描述例证引用
交易频率	政府行为	20 世纪 60 年代，企业产品不是很多……瑞安以前唯一一条 104 国道还是近几年拓宽的，以前进出困难，企业成本较高
		拥有专业的交易市场，原材料本地购买
		以前，国家对温州的基础设施投入较少，瑞安以前唯一一条 104 国道还是近几年拓宽的，这几年经济发展，主要是民间投资建设，1999 年以后，有大的改善
	企业行为	购买设备之前进行实地考察，国外大型装备制造商的售后服务比较完善，把技术人员派过来现场指导、维修、装配，企业的技术人员全程参与；企业也把人员派到国外进修学习，直到完全掌握这套机器的管理维修，老是让他们过来成本高
		做直销，将产品直接销售给客户，不设办事处等机构
		一部分可以通过技术入股的形式来生产
		更注重市场，纷纷到香港开分公司，跳过香港的中间商，自己去接纳国际客户
		通过提供针对养殖技术的服务、培训来控制上游
资产专用性	政府行为	成立一个技术平台，集中行业的力量，大企业以合资参股的形式合作，外聘技术人员搞研发，成果出来后拍卖、共享
		小企业进口设备会有补贴吗？……只要达到它的标准就有，不是根据企业规模而是根据你设备的精密度
		2008 年我们评高新技术企业，我们是某省第三批，是黄岩的第一批，所得税给予减免，加计扣除
	企业行为	企业发展的软环境、软实力比较重要。小企业发展到一定规模后就感觉到有这种需求，感觉到生产模式和制度的重要性，但就是不能实现相应的改变，从外部买了很多生产标准，就是不能满足发展的要求，水土不服
		不会自己生产，向下游企业购买。不可能什么东西都自己搞
		从外面聘请技术人员；企业也把人员派到国外进修学习，直到完全掌握这套机器的管理维修，老是让他们过来成本高
		成熟的产品在创新上就比较少了，竞争主要靠成本
		最初由于我们企业做产品比较好，而其他企业的产品质量无法识别，就拿到我们这里来检测
		我们如果拥有好的生产设备，就能进行更快和更高速的生产……这样单位产品的工资量就降下来了。成本降下来了，生产就具有规模优势
		我们主要还是依靠技术改造来促进技术的提升……完全的新产品生产是没有的，市场环境的影响比较大
		聘请一些企业的技术人员作为我们的顾问，现在可以通过网络，他们为我们提供方案，做好后传给我们

注：每个单元格内的引用都来自原始访谈记录。

在下面的分析中，我们将着重探讨相关情境对相关影响因素的作用
机制。

4.4.2.1　区域特性

本研究将企业的环境特性定义为企业所处的产业和地区的外部客观环
境，具体来讲，它包括了所处行业与地区的确定性、透明性以及地区的便
利性和知名度。

确定性主要是指某一事件的影响或者生产的产品被外部接受的可测量
度（Bansal & Roth，2000），如对于医药制造企业来说，那些生产成熟产
品（盐水）的企业可以很好预测整个市场的需求，它们的生产受到外部其
他不确定性因素（创新）的影响相对较小，还有就是汽摩配企业生产的产
品，它们的产品具有配套生产的特性，依据外部客户的需求进行配套生
产，它们的生存环境相对而言确定性较高。

透明性主要是指相关信息可被直接观察的程度，如知识、技术密集型
的产业生产出来的模具产品，其本身的质量以及材料特性相对于珍珠产品
来说具有更低的透明性，普通的珍珠制品通过观看光泽度、圆润度就能鉴
定质量。

便利性在这里主要包括基础交通及基础设施两方面，这一概念相对容
易理解。通常来讲，偏远地区是指基础设施建设以及通信条件相对落后的
地区，特别是早期的温州以及山下湖地区，由于距离省会相对较远，而且
产品生产地主要在农村地区，因此这些地方在基础设施上相对落后，同外
部交易的便利性会比较低。

知名度是指当地作为一个生产网络支点被行业内部所熟知的程度。比
如说，山下湖地区在现阶段被行业内公认为中国最大的珍珠生产地和交易
地，这说明山下湖地区在业内具有很高的知名度，那么这个区域就拥有一
个特定的区域品牌。

通过对访谈材料、二手数据资料以及其他相关材料的分析，区域特性
主要反映在以下几个方面："产品标准化""可观测""地理距离""通信条
件""区域品牌""产业成熟度""配套性""定制化""稳定性"。通常来
讲，这些被访谈的单位认为在相对成熟的产业内，产业早期的环境特性相
对不明显，或者在这些方面不具有明显的特征，经过长期的发展，这些特
性在现阶段的水平都相对较高。而且从经验上看，同以前相比，环境特性
相对明显的地区会具有更高的信息对称度、交易频率以及更高的外部信任
气氛。信息对称度会受到影响主要是因为通常对成熟的行业或者标准化生

产程度较高的行业来说，其在生产产品的质量、产品发展的方向、创新性上具有更高的可预测性（Williamson，1975；Hambrick，1983），比如说模具产业内部拥有很多标准化的配件，购买者通过了解使用的标准件就能清楚了解这个产品的性价比，对于企业来说，标准化提升了企业的内外部信息对称度，也提升了企业之间的信任度。再比如，通常区域品牌相对较好的地区意味着地区政府对品牌的管制以及地区企业家对这一品牌的维护相对较好，在这种情况下，对外部企业来说，只要知道地区的品牌，就知道在这一地区能找到什么样的产品，即品牌充分体现了信号传递功能（Nayyar，1990）。同时，通过政府机构对品牌的维护，区域品牌相对较好的地区更容易获得外部商家的信任，域内的生产企业的产品也更容易被外部商家信任。

环境特性的显著性可能和产品的交易频率以及资产专用性有关。对于标准化的产品或者成熟度较高的产品，由于产品的生产质量和生产的配套性相对较高，外部对这一产品的需求会更加稳定，需求量也会更高，而同时，在资产的专用性上可能会更低，因为对于成熟的产品生产设备，很多时候都能直接从外部直接购买。在谈及这一问题的时候，一家企业这样说："对于这些简单的产品，我们在本地就能获得相关人才和设备。"再比如，一个地区的基础设施，尤其是交通基础，可能直接关系该地区是否拥有参与相关产业的机会，尤其是小企业是不是有相关能力去获取相关的资源来进行生产。在一定程度上，便利性的影响会更加直接，如一家被访谈的企业就这样说："远距离销售没有一定的市场营销能力做不好，小企业做不到，只能做局部市场，但又没有足够的销售量。"因此，通过以上的分析，我们可以得出以下关系：

定理1： 环境特性和信息对称度、气氛以及交易频率存在正向联系，而同资产专用性存在负向联系。

4.4.2.2 产品特性

产品特性主要聚焦于产品本身的生产工艺、生产方式上的独特差别，主要以产品的新颖性、复杂性以及定制性来反映。

具体来说，新颖性主要指一件产品在现有的市场中是不是处于扩散前期，即进入市场的时间相对较短。通常来讲，瑞安地区汽车制造企业的产品在新颖性上存在比较大的欠缺，一般的产品主要还是以成熟产品为主，而模具产品由于其高度的定制化，通常会有比较高的产品创新性。

复杂性主要指实现任务的多途径、效果之间的多样性、路径和效果的冲突及实现效果的不确定（Campell，1988），即一件产品的生产需要多部门的组合和协同。通常来讲，劳动密集型的产品在生产的复杂性上相对较低，如珍珠制品和竹制品，而相对来讲，技术密集型以及资本密集型的产业如汽车生产，由于是一个系统性的工程，在复杂性上会相对较高。

定制性主要指一件产品在生产的过程中具有消费者自由选择产品的特性，生产者依据消费者的要求进行生产（Pine，1993；Kotha，1995）。一般来讲，模具产品由于主要用于为产品塑型，模具企业需要依据产品生产厂家提供的产品设计图纸，解构产品生产模具，因此这类产品是高度定制化的，而其他标准化的产品如汽车部件、医药制品等，由于其直接面向大规模的消费者，因此在一定程度上不具有定制化特征。

从获得的访谈材料来看，被访谈者通常通过以下几种方式来描述产品的特性"……吹塑模简单，吹塑机也很便宜，注塑复杂……""我们要不断生产新产品，塑料领域有新进展，哪些塑料我们可以拿过来，我们要掌握前沿性的信息，研制出有生命力的产品，这样企业才能稳健地走下去""模具的技术性比较高，不同模具不一样，同一个模具第一次做和第二次做完全不一样，去年和今年的方法又不一样，技术上每副模具的方法工艺都不一样……""比如伊朗气候干燥，他们对燃油泵的要求与日本、巴西不一样，我们就按照他们的要求改进……""……创新的产品让人难以模仿""产品的技术含量比较低，能就地找到人才和设备""刚建厂时只生产汽车开关，当时算是初级产品，对设备、人才的要求都不高"。从这些资料来看，产品本身的特性和信息对称度、资产专用性以及交易频率存在直接的关系。如产品的新颖性和复杂度可能会直接降低企业间以及企业内的信息对称度（Galbraith & Kazanjian，1986；Nayyar，1993），对于一件具有创新性的产品，当其首次投入生产的时候，未参与研发的人员对这一产品的生产流程可能一无所知，最明显的就是模具产品的生产。由于这种产品不仅具有独特的新颖性，同时还具有高度的定制性和相当的复杂性，通常在生产的过程中，只有那些小部分参与产品图纸解构的人员才了解模具生产的流程以及产品的功能，由于这种产品在生产技术上存在高度的隐性化，必然在信息对称度上同其他高度标准化生产的成熟产品存在较大差距。

特性明显的产品可能伴随着较低的交易频率以及较高的资产专用性。很显然，创新性的产品由于其本身处于产品扩散的前期，消费者要适应这一产品通常需要耗费一定的转换成本（Wernerfelt，1984）。同时，创新性产品由于其在产品生产的前期，在技术稳定性以及技术实现成本上通常无法和成熟技术比拟，使用者一般需要投入较高的使用和要素成本，在这种情况下，创新性产品和成熟产品相比，在受众上肯定会有所欠缺。而新颖产品的生产，尤其是那些突破性产品的生产，通常对设备的要求会更高，并且伴随较多的专利和人才需求限制，因此会形成很高的资产、人才甚至制度专用性（Leavitt，1965；Van de ven，1986）。而同时，产品的复杂性也直接关系用户受众，复杂性过高的产品通常难以被普通大众所接受，这也就是为什么生产精密仪器的企业只针对专业性的用户，而生产珍珠等农产品制品的企业针对的受众会更加大众化。

当然，新颖性和复杂性较高的产品必然在人力资本专用性上比较高（March & Simon，1958；Campell，1988），而且对于高度复杂的产品，其在生产设备的专用性上也会较高，如"吹塑和注塑需要不同的设备……吹塑模简单……注塑复杂"。对于定制化的产品，其主要依据特定对象的需求而进行生产，因此在交易频率上受到明显的限制，模具产业是很明显的例证，不过高度定制化的产品通常在成本上相对较高，这不仅仅是因为生产和需求的规模较小，难以形成规模效应，还在于通常模具生产会伴随较高的资产专用性。如一家被访谈的企业就说道："模具企业……生产设备是主要的基础""……它们拥有先进的东西意味着它们积累的资金比我们多……从这个机器到那个机器我们要靠人工挪过去，它们都是机械手、机器人在做，这个机器人比两台机器还贵，我们就买不起……"通过以上的描述，我们可以得到以下的关系：

定理 2： 产品特性和信息对称度、交易频率存在负向联系，但同资产专用性存在正向联系。

4.4.2.3　企业特性

企业特性主要指企业作为一种标识而具有的外部知名度，以及企业本身所处环境内相关企业之间的物理与非物理及正规与非正规的关系紧密度。具体来讲，包括企业之间的紧密程度，无论是地理上的还是关系沟通上的，同时还包括企业的知名度。事实上，企业之间相互联系的紧密程度，会直接受到企业之间的物理距离以及关系距离的影响（Oliver，1991）。很明显，如果两个企业之间在资源的相互依赖上比较高，尤其是对那些存在于价值链上下游的企业来讲，它们之间的关系肯定会更加紧密。如访谈材料显示，大型的采购商经常派出技术人员为供应商提供技术、质量、生产流程上的支持，而这种支持会随着地理距离的拉近而变得更加频繁和有效率。企业之间可通过持续沟通而模仿其他企业的做法（DiMaggio & Powell，1983），如对于某些关系相当紧密的企业来讲，在发展的过程中它们会倾向于建立一种正规的网络机制来促进相互之间的交流，提升相互之间的信任度（McKnight，Cummings & Chervany，1998；Doney，Cannon & Mullen，1998）。一家被访谈的企业这样说道："我们在深圳的分公司，与当地这类 30 多家公司共同建立了人力资源网，相互了解各自离职员工的情况，一家公司里出去的员工其他公司也不会要……""供应商会提供货真价实的东西，不会骗你，包括提供行业新动向，以及会配合好你的时间帮你加点赶出来等。因为这对双方都有好处，东西拿来我们用好了，它也赚到钱了"，这种因非正规网络交流逐渐形成的正规网络，不但促进了企业之间的相互了解，通常还有利于提升企业之间的信任度及长期稳定关系的形成（Doney，Cannon & Mullen，1998）。而且，对于这种正规沟通网络渠道所提供的信息资源，唯有处于这种相互信任关系的企业才可能实现分享，这样，这种信息资源的渠道更不大可能被其他类型的企业所利用，因此，对于这一信息渠道来说，它具有很高的资产专用性，对于网络外部的其他企业来讲，其信息资源获取壁垒会相对较高。

与企业的知名度直接相关的主要包括品牌、信誉以及本身的形象，事实上，这是企业长期发展中逐渐积累出来的一种资源。从相关的描述上看，企业的知名度主要影响以下几个方面：提升品牌资源的价值，提升外部竞争力，如"精加工的很多设备是进口的，安吉也有几个工厂在制造，实际使用效果跟国外产品没什么区别，但品牌上不行……本地设备价格便宜，大概是国外同等设备的三分之一"。同时，能进一步提升自身对外的信誉以及资源获得能力，"我们的信誉是很高的，不成问题，都上市融资了……"。对于那些知名度较高的企业，品牌本身有效地发挥了信号传递的功能（Nayyar，1990），使得企业在业界有一个比较好的生存环境，通常对于它们来讲，客户来寻找它们的可能性更大，而作为一个大型的被业界认可的企业，也更容易同业界建立一种良好的相互信任的氛围。如，在第二轮调研中，一家企业就谈到××集团由于其本身拥有比较大的品牌价值，它的供应商愿意在先提供配件的情况下延迟 3 个月甚至更长的付款时间。因此，从以上表述中我们可以得到以下关系：

定理3：企业特性和信息对称度、气氛以及资产专用性存在正向联系。

4.4.2.4 交易成本调控与自由度引导性溢出引入

交易成本的改变将推动自由度升级的市场内和市场间循环，并带来主体稳定程度和外部支撑程度改变。交易成本将决定市场交易的结构，如在交易成本相对较低的情况下，企业主体更多采用内部化组织的形式实现生产，而在交易成本较高的情况下更多通过市场实现生产，而在其他的情况下可能更多地采用联合兼并的形式实现生产。

随着交易成本的降低，某些具有制度和地理优势的企业将不断推动组织的内部化以降低自身的交易成本，在市场自由度资源有限的情况下，内部化将推动组织间自由度资源不平衡的出现，并带动更多自由度资源向内部化能力强并形成互补的组织引入。更多资源的引入将推动组织内部配套资源稀缺性的下降，从而组织更有可能随着中低层级自由度资源的增多而改变自身的规则以控制自身对高层级自由度资源的利用，从而有助于推动组织内部的自由度升级。即组织的内部化生产将推动组织内自由度升级，而组织内的自由度升级将推动更多互补的自由度资源向组织引入，带来组织自由度升级的内循环，并带动组织内部自由度资源的溢出，推动市场自由度升级。这首先将推动市场主体外部支撑程度的提升，也将强化市场内部自由度更快地提升。

市场自由度的升级将强化组织自由度的升级及溢出，带来更多市场组织的模仿和自由度资源的持续引入，并持续降低市场的交易成本。自由度资源的增多将进一步推动各类组织的内部化生产，随着内部化生产组织密度的提升，将推动市场内更多组织具有相似的组织结构以及资源，这会带来市场内部的自由度升级循环，同时提升市场内部种群的密度。

在市场内部自由度升级循环提升以及种群密度不断升级的情况下，市场竞争将推动市场内部企业的创新，新技术的引入将带来自由度的循环升级，而市场内部自由度的循环升级将带来自由度的市场间循环并进一步带动市场内部创新和自由度的升级，从而推动主体市场稳定程度升级。持续的自由度升级将推动新的具有更高技术自由度的产品的持续引入，新的技术由于具有更高的自由度必将有助于解决市场缺陷，降低市场的交易成本，在市场交易成本随着自由度升级持续降低的情况下，更多的市场主体能够进一步提升市场的内部化水平，这就会进一步提升市场内部的组织密度和自由度。而这将倒逼市场主体通过创新推动产业链向不同的部门和更高的市场层级衍生，带来市场整体自由度的升级。

随着更多高层级自由度市场主体的形成，市场竞争性集聚将推动部门内和部门间创新市场主体的持续出现，新技术的引入也将更快地推动更多市场主体和配套向这类能够形成更高市场自由度的主体溢出，并随着组织密度的提升带动产业链向具有更高自由度层级和更多的市场部门衍生，如推动市场主体向技术自由度、市场自由度、法规自由度和文化自由度中心衍生，从而提升主体稳定程度和外部支撑程度，形成新的元支点核心。在这样的情况下，交易成本改变将通过推动集聚推动主体稳定程度和外部支撑程度的提升。

4.4.3 筛选阶段：筛选性引导、自由度竞争性溢出引入与平行伴生支点核心形成

为更加深入地理解新兴市场中嵌入不同网络层级的主体是如何通过调控交易成本以应对主体网络层级自由度约束的，下面将对交易成本与主体网络层级自由度改变的关系进行更加详细的分析。研究依据网络嵌入自由度层级衍生过程中自由度的升级性溢出、自由度升级的市场内循环和市场间循环推理了交易成本如何改变自由度进而推动产业链沿着能够获得更高自由度的方向衍生，产业链网络会依次衍生改变技术自由度、市场自由度、法规自由度以及文化自由度，并改变自身的网络结构和生态产业链自由度。

4.4.3.1 引导性自由度与底层新兴正规层级市场支点核心的形成

（1）技术自由度的获得性升级。

技术自由度的获得性升级指中心市场的群体通过前期的探测，筛选出具有合适的技术自由度的主体进行边缘市场的合作性开发以提升自身的自由度层级。中心市场的主体开发新兴市场的方式主要通过技术自由度供给输送的方式实现。而边缘市场的主体由于积累了基础的技术能力，通过中心市场的自由度输送将获得更高的自由度形成能力，带来市场的自由度升级。新自由度技术的引入将推动市场内部底层群体的模仿，市场的模仿将降低底层低网络层级自由度产品的稀缺性，这就会带来消费群体自由度交涉空间的提升，并带动底层市场主体的消费自由度提升。消费自由度的提升将带动更高层级产品的需求。而由于底层市场同中心市场相距较远，这使得中心市场的市场主体的自由度会受到服务配套和时间自由度的约束。

这就会推动新兴的正规层级市场的消费群体外溢并为非正规层级市场群体提供新的利基市场，随着利基市场的扩大和市场自由度的升级，将推动更多高层级市场的产业主体外溢进入底层边缘市场。

底层边缘市场产业主体的持续引入将抬升市场的整体自由度，推动具有高自由度的生产、消费主体向高层级的网络市场流动。这会提升高网络层级市场的整体自由度，随着高层级市场自由度的提升，将导致正规层级市场内低层级自由度主体的外溢以及产业链的解体，这就会降低中低层级自由度资源的稀缺性，并带动更多的具有高层级自由度技术模仿能力群体的出现，这将进一步推动更多高自由度层级配套的引入，推动高层级市场的消费升级，提升市场对高自由度产品的需求。而配套自由度的约束，如时间、服务配套以及各种资源要素的供给约束，将导致处于市场中心的主体在产业链自由度供应能力上受到约束，并推动市场中心的主体对自身的网络层级进行升级并引进新的具有更高自由度供给能力的配套，压缩对低层级边缘市场的供给。

各层级市场的升级以及市场状态层级的竞争将倒逼处于市场中心的群体通过自由度输送的方式推动底层边缘消费市场技术自由度的供给。底层市场技术自由度的输送，使得底层市场获得技术自由度输送的群体将拥有更高的技术自由度，并能生产出更高自由度的产品。在底层市场消费升级的情况下，技术的升级将带动新产品的引入。在信息和资源流动性相对较高的情况下，底层市场的消费升级将通过自由度升级的市场内循环模式推动正规层级市场自由度的持续外溢，底层市场的非正规层级市场生产群体将由于市场自由度的外溢获得更多高自由度的渠道以及产品技术信息，或者会由于市场自由度升级带来更多的中心群体提供相应的技术自由度的输送。

底层市场中积累了初级技术的群体在市场自由度外溢的情况下将能有效提升自身的技术层级，并不断引入更多的边缘生产群体加入底层市场的生产系统中，从而形成底层市场整体的消费升级，带动消费市场的外溢，推动技术自由度较低的产业链升级和解体，从而为周边市场群体带来更多的自由度供给渠道，并带动周边生产群体技术自由度的升级。而那些无法有效升级自身自由度的市场主体将被淘汰出市场。在这里，市场中心主体网络层级自由度的升级，将带动低网络层级自由度的配套主体向周边市场转移，但由于市场消费层级和自由度的约束将无法到达边缘市场，而某些边缘市场的生产主体由于获得了自由度的输送，将能够推动边缘市场配套自由度的升级，这使得低层级市场的技术自由度也将进一步升级。配套以及技术自由度的提升将推动边缘市场形成更多层级技术自由度空间。市场信息透明度也将由于地区内部主体的认知、资产专用性的提升以及信任关系的形成而提升，技术配套、信息的流动性的提升将能更快地降低边缘市场的交易成本，这使得周边市场技术自由度的提升将推动边缘市场交易成本的进一步下降。

（2）市场自由度的溢出性获得。

市场自由度的溢出性获得指由于边缘市场自由度层级有限，随着市场自由度层级的提升，在边缘市场选择有限的情况下，通过供给新自由度主张的技术进行市场站位，将能够持续引入随着多层级市场竞争而溢出的高自由度需求的市场群体。在低层级边缘市场下，市场自由度表现为市场主体拥有不同的渠道以进入更多层级和部门的市场中。技术自由度的提升和中心市场自由度的输送将推动边缘市场交易成本的下降并带来更多网络自由度层级产品的供给。市场间交易成本的下降，市场主体间状态层级的竞争，将推动低层级市场内消费者引入的竞争，技术自由度的升级和竞争将首先压缩低层级市场主体的产品自由度交涉空间。这将推动市场消费主体自由度的升级，并推动边缘市场主体对引入更高自由度产品的需求衍生。同时由于高技术自由度的产品具有更高的自由度交涉空间，使得在市场消费升级的情况下具有高层级自由度产品生产能力的主体将把资源更多地投入更高自由度层级的产品中。

消费升级带来的自由度升级市场内循环、高层级自由度产品需求的出现将为更多边缘市场生产群体提供自由度的获得渠道，这将直接降低低层级消费产品市场自由度的稀缺性。自由度稀缺性的下降将推动更多利基市场生产群体的出现，在消费升级的情况下，更多高层级需求的出现将约束中心群体对边缘群体资源供应的需求，从而带来消费群体的外溢。这将推动边缘市场内各类市场主体对消费者的引流。消费者自由度升级，将带动市场出现更多的消费层级分层，随着消费者的引流和分层，低层级技术自由度的产品自由度交涉空间将受到压缩，为了保持自身的市场状态层级，将推动市场中心群体提供更多的高层级的市场配套的自由度，通过提供更多的高层级配套的自由度以推动产品自由度交涉空间的提升和利基市场的进入。高层级配套自由度产品的引入将推动更多具有不同网络层级自由度产品的形成。在这样的情况下，将能更加有效地满足不同类型的新兴利基市场自由度的需求。新兴市场配套的引入将压缩低层级自由度生产群体的利基市场，通过推动这些群体对低层级市场的开发，从而推动更多低层级市场自由度的升级。

低层级市场的升级将推动高自由度的市场主体流入到高自由度的市场，这将抬高市场整体的成本结构和自由度层级，并推动市场自由度的升级和新兴利基市场的扩大。在高端市场自由度资源有限的情况下，高层级网络自由度的竞争将推动高自由度的市场主体把资源投入那些能够获得更高自由度的领域和渠道中。自由度的限制将倒逼中心市场群体对高层级技术自由度产品和配套的输送，以保证自身在边缘市场的状态层级。低端市场的生产群体将由于自由度的升级带来高层级市场机会的出现而能够有效开发新的市场，并随着市场自由度的升级推动自由度升级的市场内循环和市场间循环，带来对低自由度市场持续的压缩和引流，抬升正规层级市场主体在不同层级市场中的自由度，同时进一步提升市场的技术自由度。

（3）法规自由度。

在低层级边缘市场下，法规自由度表现为市场具有更高自由度的法规以及在不同的市场间法规的相似性。市场自由度的提升将带来市场主体对不同层级和部门市场渠道的形成。市场自由度的提升同时也将推动高层级产品的需求，在市场主体配套资源供给能力有限的情况下，将会降低低层级市场的产品供给，这将推动低层级市场模仿群体市场的扩大，更多低层级的模仿群体将获得进入市场的机会，并进一步随着配套供给的增多推动市场向高自由度的领域和空间发展。随着市场的发展，将出现更多的群体获得进入不同部门和市场的能力，并带来更多市场主体对高层级自由度资源的竞争。在设计主体间存在市场状态层级竞争的情况下，市场设计主体本身的资源自由度也存在一定的限制，这将推动市场设计主体对资源分配的层级优化，以提升自身的市场状态层级。在这个过程中，制度设计主体通过同具有法规渠道的核心市场群体的沟通和调研，在保证自身市场状态层级的情况下推动具有更高自由度层级的法规的形成，而低自由度层级的法规将被淘汰。

低自由度的产品和市场群体将由于自由度的升级而进入低层级的市场中，并抬升低层级市场的自由度，在低层级市场形成更多类型和部门的资质渠道。低层级市场自由度的提升，将推动市场主体进入不同的部门和层级市场中，并进一步带动低层级市场自由度的竞争和升级。市场自由度的竞争和升级将带来市场主体自由度交涉空间的降低，并带动消费群体自由度的升级。市场主体自由度的升级将带来更多市场主体的分层，并推动高层级的市场群体向高自由度的市场和部门衍生。这将进一步抬升高层级市场主体的网络层级自由度和市场自由度。

在市场状态层级存在竞争的情况下，低层级自由度资源的稀缺程度下降，高层级自由度资源的限制将进一步抬升市场主体对高层级资源的供给，并更多地把资源投入到那些能够获得更高自由度的领域中。这将进一步推动低自由度市场群体进入低端市场以获得必要的资源，进而将抬升低端市场的整体自由度，在这样的情况下，低端市场的设计主体也将出现资源自由度的限制。在市场状态层级存在竞争的情况下，将推动低端市场主体对新兴的具有更高自由度的制度系统的建立。在这样的情况下，市场设计主体会更多地通过同高层级市场主体的合作咨询以了解自由度形成规则的设计。由于长期的合作市场设计主体在网络渠道和资产投入上已经形成高度的专用性资产的投入以及利益相关者的融入，市场设计主体会更多地依赖这类主体以提升自身的市场层级，这会带来不同市场间自由度形成方式以及利益群体融入方式的相似性。而市场生产主体为能够有效地推动自身自由度能力提升，将推动相似规范的形成。不同市场间规范和法规的相似性将推动法规自由度以及市场自由度的进一步提升。

在制度设计合理规划的情况下，通过制度自由度升级选择处于产业链不同领域的主体下沉将有助于新兴市场的发展，并推动低层级市场竞争性权利缺失问题的解决（Abrahamson，1991）。由于下沉的市场主体本身具有独特的自由度形成渠道，同时在相应的市场具有较高的自由度（Fombrun & Zajac，1987），这使得下沉的市场主体在新兴和边缘部门或市场成为新的支点核心的可能性大大提升，而这有利于推动更多低层级市场中的主体融入正规层级市场支点核心的产业网络中。新兴和边缘部门或市场由于产业链下沉带来了更多中低层级的市场配套以及生产资源，这将推动市场自由度的升级，并通过推动技术、市场的发展从而推动高层级自由度法规的形成，这将进一步推动更多产业链低端的主体下沉，并带动依附于正规层级市场支点核心的生态网络的形成。

（4）文化自由度。

在低层级边缘市场下，文化自由度表现为市场主体能够利用相同的产品有效地进入更为广泛的具有不同文化的市场中。法规自由度的提升将推动文化自由度升级。不同市场间法规的相似性，将推动市场主体进入更多不同类型的市场中。高市场自由度生产技术的升级将降低市场生产的成本，并抬升相关产品的规模生产能力，抬升低层级产品的市场自由度交涉空间，这将提升相应产品市场的自由度。在这样的情况下，具有规模生产能力的群体将对低层级市场形成自由度压缩，并不断压缩同层级市场群体的市场自由度空间。这将带来高层级市场中消费群体自由度的升级，消费群体自由度的升级将推动具有更高自由度产品需求的形成。

这将进一步压缩同层级市场生产群体的市场自由度。在自由度被不断压缩的情况下，具有一定自由度渠道和创新能力的市场主体不得不进入各类利基市场。同时为保证自身的市场不被压缩，市场中的各类主体将进入教育咨询和广告生产领域以宣传自身的产品的独特性。在消费群体无法有效识别市场主体本身的产品自由度价值的情况下，进入文化领域将使得市场主体能够有效降低由于竞争者规模生产能力带来的自由度压缩。但市场自由度的升级将推动这些利基市场主体自由度交涉空间的下降，同时带动更多的市场主体进入高自由度交涉空间的生产领域中。而某些低层级的市场生产群体将由于市场空间的挤压而进入低层级的市场中。这将推动更为边缘的低层级市场的自由度升级。边缘市场的自由度升级将带动更高层级的自由度产品的需求的提升，并提升低端市场主体高层级自由度群体的流动性，使其进入高网络层级的市场中。这些将进一步提升高层级市场中高自由度产品的需求以及市场的成本。

高层级市场产品的需求提升会挤压中心主体的资源以及自由度供应，并降低低层级自由度产品的供应，具有高网络层级自由度的市场主体将通过自由度的输送进一步推动边缘市场低层级自由度产品的生产能力的形成。同时高层级市场高自由度产品的供给以及市场自由度由于高自由度群体的持续融入将推动低自由度产品市场的进一步下沉，而由于法规的相似性，低端市场将能够很好地融入高端市场下沉带来的具有更高自由度的产品，这就会进一步挤压低端市场主体的市场空间，并推动具有相似需求偏好如更加偏好具有高自由度交涉空间产品的市场群体的持续引入。相关产品具有更高的自由度和自由度交涉空间，同时能够获得不同层级法规自由度的支撑，将使得主体对低端市场消费群体的引入能力大幅提升。边缘市场的市场设计主体在存在市场层级竞争的情况下，为能够获得更多的这类市场主体的支撑以提升自身的市场层级，会有意愿为高自由度生产主体提供更高的法规自由度，从而不同市场的进入能力和自由度竞争能力的提升能有效带动市场主体文化自由度和法规自由度的提升。

正规市场主体在技术自由度、市场自由度、法规自由度和文化自由度的循环提升，将推动市场自由度的持续升级和产业链的升级性下沉，推动非正规市场主体在边缘权利缺失群体市场中层级化网络支点的形成。

> **推论1：** 在高层级自由度资源有限的情况下，自由度总量的升级性溢出以及产业链的升级性下沉的持续循环将推动中心群体对底层市场某些中心主体自由度的输送，带动底层新兴正规层级市场主体在技术自由度、市场自由度、法规自由度和文化自由度的提升，推动新兴正规市场层级化支点核心的形成，并为引入更多中心市场的主体提供接口。

4.4.3.2　引导性自由度与底层新兴非正规层级市场支点核心的形成

（1）技术自由度的利基性积累。

技术自由度的利基性积累指通过独特的技术原理开发新的产品以引入正规市场由于自由度供给约束（如获得更高的资源供给的配额资质）而溢出的市场群体。交易成本的改变带来了非正规层级市场的主体更多的市场创新以及更高层级的外部支撑程度，从而提升了主体的技术自由度。在企业地位不对等的情况下，技术自由度的改变使得企业能切入更加多层级的细分市场，在市场中特权依附主体自由度有限的情况下，如物流服务、时间自由度等，随着市场整体自由度的升级和增多，消费者对高层级产品需求的增加将降低特权依附主体本身的市场供给能力，而细分市场的切入能力将为具有高技术自由度的主体提供由于消费者外溢而形成的新消费市场。这有利于市场主体依据要素自由度供给能力而更加均衡地分布于生产系统的各个环节内部。自由度的均衡分配将使得市场中的自由度能够更好地被分配到不同的产业链配套主体中。这将提升整体市场生产群体的自由度供给能力以及市场整体自由度更快的提升，并通过带动市场的消费升级提升市场的配套等级。

在这个过程中，周边市场的生产群体也将通过技术的模仿推动低层级技术自由度产品市场自由度交涉空间的下降。生产配套的不断投入将推动市场资源稀缺性的不断下降，从而带动消费升级和市场成本的提升，带来产业链中某些边缘企业由于自由度的约束而不断转移或者转向进入不同的市场部门中。而高技术自由度的市场主体通过不断引进新的能够生产更高自由度产品的主体，会带来低层级技术自由度的生产配套向周边领域和部门转移。

产业消费升级同时也将推动市场对更高层级自由度配套以及更高层级自由度的需求。在特权依附主体配套等级以及各网络层级的自由度存在限制的情况下，如渠道、物流、时间自由度等，市场消费层级的提升将推动更多高层级消费群体的外溢，同时也将由于市场主体对高层级自由度的需求而不断被引入到技术自由度更高的细分市场中。技术自由度高的主体通过细分市场的引流，能构建起多层级网络自由度的支点网络。而市场内生产群体的自由度稀缺性也将随着市场的升级而不断下降，在存在层级竞争的情况下，市场主体能通过持续的高层级自由度配套群体的引入带来网络层级自由度持续的上升。

网络层级自由度持续的上升，能有效保证自身的自由度不受市场自由度提升带来的消费群体增多和转移而带来的压力。在这样的情况下，市场主体将通过自身更好的技术自由度推动更多的市场配套和高层级的消费进入自身的生产系统中，并把配套产业链中的群体引导到能够带来更高自由度层级的领域中，带来低层级技术自由度及其配套稀缺性的下降，这样能推动主体配套自由度的持续优化。配套的增多、自由度供给能力的提升、消费群体的引流能力增强将推动主体获得更高的稳定程度，同时推动特权依附主体消费群体的引流和市场状态层级的改变。

（2）市场自由度的利基性积累。

市场自由度的利基性积累指在市场资源有限的情况下，通过新兴和边缘部门或市场的站位，利用自身的技术优势随着主流市场多层级自由度竞争带来的自由度升级引入溢出的市场群体。市场范围和规模的扩大能够有效降低市场自由度约束带来的影响，并提升各类市场主体的自由度交涉空间。市场自由度交涉空间的提升，能够推动市场更快地提升自身的市场等级，在市场等级不断提升的情况下，市场某些主体将由于自由度的分配相对合理从而带动配套群体产业链的持续衍生，并推动市场整体层级向高端衍生。市场的高端衍生将推动产业链配套不断向能够获得更高自由度的领域去发展和延展，并不断将高层级的消费群体进行引流。特权依附主体由于市场等级的提升而带来低层级资源对高层级资质渠道的占用，并由于配套等级的提升速度较慢降低对市场自由度的供给，就会带来由于自由度升级而形成的市场引流，并推动更多的细分市场群体的出现。这样将不断推动更多产业链向特权或者高层级市场状态的生产边界去衍生，推动主体获得更高的市场自由度。在这样的情况下，市场中产业链主体之间的竞争将推动产业配套向周边市场和多类型的领域部门去衍生。

市场自由度的提升还将带来某些生产主体产业链自由度配置不均，从而导致配套生产能力自由度形成约束，带来机会资源的优化配置（Fombrun & Shanley，1990），机会资源的优化配置将推动市场资源向那些具有更高自由度生产能力的企业和主体转移。在这样的情况下，配套自由度的约束将推动消费者持续转移，并带动资源向具有更高自由度的市场领域流动。获得相应自由度资源的企业就能够更快地实现更高自由度的积累和推进产业链中不同部门产业配套的投入。这就会推动更高技术自由度市场主体的模仿，带动更快的产业链配套在不同市场领域的衍生，这种投资和产业链的衍生将推动其他竞争主体也将配套资源投入到那些可能带来更高自由度的领域。在这样的情况下，市场将由于配套的提升带来整体自由度的提升以及生产、消费群体的持续流动和转移，而自由度的提升将强化消费群体的选择以及市场的选择，并进一步提升市场整体的自由度。市场整体的自由度的进一步提升将推动产业链向更为广泛的市场衍生，并不断随着市场消费层级的提升而衍生和扩展到特权或者高层级制度市场的边界。而消费群体本身的升级，将推动特权以及其他产业配套的群体向周边城市转移，从而带来市场主体获得更多的外部支撑，并形成独立的网络支点核心，同时推动市场对特权依附主体消费群体的引流。

（3）法规自由度。

合法规性的提升能够促进企业获得政府部门合法的自由度补贴，改变政企之间和企业之间的自由度分配模式（Dyer & Singh，1998；Gurses & Ozcan，2015）。如对于那些获得政府高新技术资格认定的企业，它们无论是在购买设备还是在生产过程中都可能获得政府的补贴和优惠，而这种补贴和优惠将推动主体对高层级自由度产品和配套的采购并能更好地解决由于市场自由度升级而带来的自由度供给能力的约束。自由度供给能力的增强将使得主体能够在消费者消费升级的情况下不断将各类自由度引入到自身的产业链配套系统中。主体法规自由度的提升将带来更高层级的生产群体、配套资源供给群体以及消费群体不断涌入。在这样的情况下主体，将能够更好地对自身的产业链生态进行合理的层级刻画，以推动自身产业链自由度的整体优化。

主体消费群体的引流以及自身自由度的增强，将推动市场中对高层级消费群体产业链周边的形成机制的分析和模仿。在市场主体未形成很好的生产和技术壁垒的情况下，市场主体的消费升级将推动更多的群体形成拥有相应层级产品的生产能力。

在市场持续竞争带来自由度不断升级的情况下，不同类型的资质和自由度资源将由于市场竞争的持续深入而导致相关层级的市场和资源变得不再稀缺。在资源和技术配套不再稀缺的情况下，市场主体本身将受到更多层级市场和部门的压力，自由度交涉空间也将不断被压缩，并带来消费群体向高网络层级自由度的市场转移。低网络层级的配套将面临更多市场和部门自由度的压力，处于这一层级的网络主体将面临转移到更低市场层级的领域或者进入更高层级的市场层级的压力，同时带动低层级的市场竞争和法规的升级，并带来高网络层级市场新兴法规和部门的持续形成。更多的高层级的产业主体以及配套也将由于市场的升级而不断进入。在市场自由度资源有限的情况下，低层级网络自由度群体对自由度资源的占用将约束市场设计主体的自由度限制，在这样的情况下，市场设计主体将进一步推动具有更高自由度的法律法规的形成，并带动更高层级市场的分层，带动新一轮的高层级市场自由度的竞争。这样法规自由度将有利于推动主体稳定程度，并形成独立的网络支点，推动新的网络支点对特权依附主体消费群体的引流。

（4）文化自由度。

高文化自由度的市场主体表现为形成了多层级和多部门文化层次的利基市场配套供给能力。这使得市场主体能够更好地建立产业网络从而进入不同文化层级的利基市场中，在自身的产权能够得到有效保护的情况下，主体将能够不断通过更为多样化的自由度的开发推动具有独特利基偏好的消费者引入，并带动市场配套的升级。在这个过程中，更多的消费群体由于交易成本改变而被引入市场中，这会推动市场自由度的改变，在市场自由度升级的情况下，会形成更多的高层级的消费群体，市场高层级消费群体的持续引入将推动不同类型的消费群体对高自由度交涉空间产品的需求。某些市场主体在产品自由度空间受到市场配套约束的情况下将导致利基市场的发展受限，这就会推动高层级的消费群体向其他利基替代产品发展和转移。

新的利基市场的开发和消费群体的引入将由于能形成更高的市场自由度而带来利基市场配套的持续引入，同时，这会带来具有类似文化自由度的市场群体的模仿。市场的模仿将推动市场在低网络层级自由度的领域形成稀缺性的下降并推动市场自由度的升级，并带动市场对更高文化自由度产品的需求。

随着市场自由度的提升，各类利基市场配套通道稀缺性的下降将导致市场主体的外溢，市场主体的外溢将带来周边配套领域的发展或者整体的生产配套的进一步升级。这将导致市场自由度形成能力的提升，并推动市场向边缘领域或者能够获得更高市场自由度的领域衍生，同时将能够推动更多部门和市场的不断融入。部分高自由度的市场主体将向更高自由度的市场转移，带来市场整体自由度结构的改变和升级。

主体由于拥有较高的文化自由度，将能够有效开发出更多符合不同文化层级和部门的产品，并利用自身的文化自由度的优势进入不同类型和部门的市场中，推动自身产业链在不同市场和部门的持续衍生。在市场自由度持续升级的情况下，正规市场主体将在市场中引入新的具有更高自由度的产品，并通过新产品的引入吸引那些存在配套自由度约束的消费群体以及对更高文化自由度存在需求的利基消费群体。随着更多的利基市场消费群体的引入以及更多不同层级的消费群体的形成，低层级的市场配套将由于自由度交涉空间的下降而无法满足新的市场群体的需求，这样更多高层级的市场配套将被持续引入新的不同网络层级自由度的配套网络中。具有更高网络层级自由度的市场配套的引入将带动高文化自由度的主体形成更为多层级的文化自由度产品的选择，并形成具有更高网络层级自由度的市场配套层级体系。这样高文化自由度的市场主体将能够形成更为多层次和多市场部门支撑的自由度空间，形成更高的外部支撑程度。

推论 2：底层边缘新兴市场的技术自由度、市场自由度、法规自由度以及文化自由度的竞争会形成低端群体的自由度竞争性权利缺失。

推论 3：在高层级自由度资源总量有限的情况下，自由度升级性溢出以及产业链的升级性下沉将推动消费者向底层市场中自由度高的中心转移，推动底层新兴非正规层级市场主体在技术自由度、市场自由度、法规自由度和文化自由度上的提升，带来新兴非正规市场层级化支点核心的形成，并为引入更多中心市场的主体提供接口。

4.4.4　规划阶段：规划性引导、规范性自由度主张冲突、自由度断层与自由度规划性溢出引入

4.4.4.1　法规自由度

（1）规范性自由度主张冲突。

在现有法规系统内，技术自由度、市场自由度、法规自由度和文化自由度的持续提升，将推动市场主体自由度的升级以及利益相关者的衔接，

并持续推动新兴消费群体的形成，带来现有法规系统之外的新自由度主张需求的形成。由于现有的市场主体形成了比较高的市场自由度，市场消费层级也将持续提升，这使得非正规层级市场主体能够有效地推动利基市场消费群体的持续引入。新兴利基市场的持续升级，将带动具有创新能力的市场主体同现有的正规层级市场群体的自由度竞争。

新兴和边缘部门或市场新兴自由度技术的持续引入以及市场自由度的升级，也将带来现有的法规系统无法为新兴和边缘部门或市场群体自由度形成方式合法性支撑的问题，带来市场主体同现有制度、系统、法规的规范性自由度主张冲突。而正规市场的主体由于自由度主要来源于现有法规目录，这将导致正规市场主体同非正规市场主体间的自由度主张冲突。

（2）边缘利基市场合作推动新自由度主张合法化并形成自由度断层。

规范性自由度主张冲突指主体间依赖不同的技术和制度规范来分配市场资源（Pache & Santos，2010）。规范性自由度主张冲突表现为市场自由度的升级，带来新自由度主张的持续形成，导致现有制度系统无法有效为利基市场中的新自由度主张群体提供合法性的目录，从而形成不同市场同制度系统之间的自由度主张冲突。非正规市场的主体将通过持续的合法化宣传以及自身自由度升级的实践引导，如不断引入更多边缘市场的群体，以提升市场以及制度设计主体的合法性认知（Gurses & Ozcan，2015）。

在制度设计主体间存在自由度层级竞争的情况下，新兴和边缘部门或市场的制度设计主体为引入更多高自由度的市场群体以获得更高的自由度支撑，将推动新的具有更高自由度主张法规的引入。长期的边缘利基市场的发展，使得新自由度主张群体积累了较高的技术自由度、市场自由度、法规自由度和文化自由度，同时链接形成了相对较强的共同自由度价值主张的利益相关者，这将提升相关利益主体的共同行为能力。

在这样的情况下，通过持续的媒体正面宣传以及自身合作网络中利益相关者的游说，新兴市场的制度设计主体认识到在制度设计主体间存在状态层级竞争的情况下，在边缘市场自由度形成能力自由度来源有限的情况下将无法获得更多正规市场的支撑。通过引入和合法化非正规边缘市场的主体将为市场带来新的自由度来源，在中心市场群体间存在自由度层级竞争的情况下将为其他中心市场群体进入偏远边缘市场新自由度主张领域提供新的支点核心，从而在推动中心市场主体自由度层级提升的情况下提升边缘市场新文化群体形成的可能。由于新文化市场新兴自由度支点核心的形成能够提升中心市场群体进入边缘市场的可能，推动自身市场状态层级提升，这将带来主体对推动新自由度主张合法化重要性的认识。这样即使新自由度主张资质合法化受到在位正规市场主体的强烈抵制，制度设计主体也可能推动新自由度主张的合法化（Gurses & Ozcan，2015）。

新自由度主张的合法化将带来某些具有不同自由度主张的市场主体在新兴领域形成自由度断层，而随着市场自由度层级的提升，将提升主体的自由度断层并不断挤压相关主体的自由度交涉空间，带来各类市场主体从对应市场网络内持续溢出。正规市场的生产群体将依据中心市场的自由度供给和输送，进一步在现有法规系统之内引入新的具有更高自由度的技术，并不断随着市场自由度的升级引入市场中溢出的符合正规市场自由度主张的主体，这将带来市场中多范式的自由度主张法规的形成（Gurses & Ozcan，2015）。

4.4.4.2　文化自由度

随着高层级自由度法规的形成以及非正规市场自由度主张的合法化，新制度规则的建立将带来某些市场主体的自由度断层，并推动自由度以及资源供给分配方式的改变，带来非正规市场新自由度主张群体自由度获得能力的升级。随着市场的升级，市场竞争将不断压缩出现自由度断层的市场群体的自由度交涉空间并持续推动具有更高自由度需求的主体的溢出，推动溢出主体进入获得高层级自由度主张合法性主体的网络中。

通过规划性调控，在市场自由度供给有限的情况下，自由度断层的形成和持续的市场自由度升级将带来更多高自由度需求群体的形成和自由度断层群体的外溢，约束正规市场主体的供给增长，并推动更多具有高自由度主张需求的群体进入具有新技术自由度的非正规市场主体的网络中，同类型种群数量的增长将带来更高自由度主张新兴群体的形成。对新兴和边缘部门或市场新自由度主张的持续合法化，将推动新兴和边缘部门或市场网络层级自由度的升级，同时带来市场新兴领域多层级平行支点核心的形成。而持续的自由度升级将压缩存在自由度断层的低自由度市场主体的自由度交涉空间，推动主体下沉进入更多能够获得更高自由度交涉空间的市场中，而新自由度主张合法性的获得将推动主体对溢出群体的引入。

法规自由度的升级将推动高自由度的市场主体提升市场层级以及存在自由度断层的主体向边缘市场下沉，同时约束低自由度群体的市场衍生，并随着市场自由度的升级带来低自由度市场主体的解体和溢出，带来具有高自由度交涉空间的消费群体和生产群体持续流入新自由度主张群体的市场，同时推动新兴市场中市场主体自由度主张需求的升级（Abrahamson，1991，1996）。中低层级自由度主张群体的增多将带来市场更多高自由度需求群体的形成，并推动更多溢出的群体进入能获得更高自由度交涉空间的新自由度主张的市场。新自由度主张的持续合法化将带动新自由度主张文化的内化并推动新自由度主张需求群体的持续增长。

新自由度主张群体基数的持续扩大，将改变市场整体的自由度层级结构，并不断压缩正规市场主体的自由度交涉空间，推动正规市场主体随着市场新兴自由度主张群体的持续扩大、自身利基市场的压缩而持续引入非正规市场的自由度主张，并开始模仿非正规市场主体的技术和市场行为，带动更多新自由度主张群体的形成以及市场自由度层级的提升（Raynard，Lu & Jing，2019）。

4.4.4.3　技术自由度

正规市场主体以及非正规市场主体在中心多层级市场的竞争深化，带来市场自由度升级的内循环和市场间循环的持续，将持续推动多层级新自由度主张市场群体的形成，这将导致市场主体由于资源类自由度约束从而无法满足更多高层级市场自由度需求以及推动更为偏远的边缘市场的自由度开发需求，推动各类市场主体向具有更高自由度交涉空间形成能力的新自由度主张市场溢出。由于新自由度主张合法化带来有限的新自由度主张的资质，新兴市场主体能够通过合法性的资质站位引入溢出的市场主体。

4.4.4.4　市场自由度

（1）新自由度主张阶梯式引入。

多层级的市场竞争、交易成本的下降和新兴生产群体的持续引入将推动市场自由度的升级，市场自由度层级的上升将带来更高的消费层级，推动正规和非正规市场主体新自由度主张技术的阶梯式引入，推动新兴领域平行支点核心的形成。在消费层级和自由度达到一定标准的情况下，市场中心群体由于自由度有限，将进一步推动正规层级市场主体对高层级自由度市场的开发，正规层级市场主体、低层级自由度市场群体将由于市场成本上升而持续解体，并引流进入非正规层级市场，推动非正规层级市场更高自由度渠道的建立。这就会进一步降低市场自由度资源的稀缺性，并推动高层级消费群体和生产群体的引入，进而抬升市场成本。随着成本上升、中心正规层级市场主体解体、渠道引流进入非正规层级市场、市场自由度升级、消费群体引流的市场内循环的持续，市场将形成更多高层级自由度生产能力和消费能力的主体，正规层级市场的中心主体在自由度资源有限的情况下，将更多地将资源投入高层级市场中。中心市场主体为了获得更多的高自由度的市场将进一步推动对高层级自由度的输送，这将推动正规层级市场主体网络层级自由度的上升。如外部更高层级自由度投资的引入将推动地区内部新产业集聚点的形成，并带动更多高自由度层级配套的引入以及高层级自由度群体的形成，带来新的产业结构和配套，从而推动市场自由度升级。非正规层级市场的主体能进一步随着市场自由度的升级和溢出而不断提升自身的利基市场。整体市场自由度的进一步升级，将推动低网络层级自由度的依附主体自由度交涉空间的下降，带来正规和非正规市场低网络层级自由度产业及配套对高自由度交涉空间形成能力的领域转移。

（2）新兴领域平行支点核心形成。

市场高自由度技术以及产业配套的引入能推动边缘市场新兴市场主体产业链在边缘新兴市场的进一步下沉，进入新兴市场领域中并推动新兴市场的自由度升级，形成低层级市场自由度升级的内循环。高层级自由度技术以及产业配套的引入、市场消费层级的提升，将不断压缩低技术自由度层级市场群体的市场自由度，市场自由度的降低将带来产业链配套群体对获得更高自由度的需求，从而向具有更低自由度需求等级的市场转移。在低层级的市场规划允许的情况下，这类群体的转移能够通过政府配套、补贴的引入有效推动地区自由度的升级。而低层级边缘市场高自由度市场群体的形成将推动高自由度市场群体的回流，使其进入高层级的市场或者中心市场中进行生产、消费以及服务，并推动高层级市场向具有更高自由度的产业结构升级，从而进一步推动高层级自由度消费群体溢出进入站位的新自由度主张群体的网络。

随着边缘市场技术的持续升级，市场通过层级化的技术引入和高自由度法规的引入将推动产业链在层级市场出现持续的升级性下沉，并进入更多边缘的权利缺失主体聚集的市场中，下沉的市场主体将推动新兴和边缘部门或市场和权利缺失的市场形成新的支点核心，这有利于推动更多低层级市场中的主体融入正规和非正规层级市场支点核心的产业网络中。交易成本的改变，将推动更多新兴和边缘部门或市场群体溢出进入具有新自由度主张的支点核心网络中，新兴和边缘部门或市场由于产业链下沉带来了更多的中低层级的市场配套以及生产资源，将推动市场自由度的升级，并通过技术、市场的发展推动更高层级自由度法规的形成，同时带动市场自由度升级的市场间循环，进一步推动更多产业链的低端主体下沉，并带动依附于正规和非正规层级市场支点核心生态网络的形成。正规市场主体也将由于市场自由度的持续升级而不断引入新自由度主张的技术，以保障自身的市场状态层级，更多层级和中心市场的新自由度主张支点核心的形成将为中心市场群体进入市场提供新的接口。

偏远边缘市场平行支点核心的构建，如图 4-3 所示。

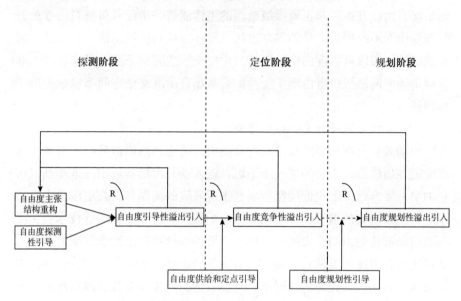

图 4-3 偏远边缘市场平行支点核心的构建

注：图中 R 表示市场的竞争性循环。

推论 4：市场高层级技术的引入有利于推动正规市场主体和非正规市场主体的竞争，推动边缘新兴市场自由度的升级和合法化，带来某些主体的自由度断层，推动主体随着市场自由度升级下沉进入边缘市场，形成更多层级的支点核心，在为中心市场的主体进入边缘市场带来接口的同时，推动市场对权利缺失主体市场接口的形成。

推论 5：在制度合理规划的情况下，通过层级化的技术引入带动自由度升级进而推动产业网络持续下沉，有利于为低层级市场带来新的网络支点核心，并推动竞争性权利缺失的主体在边缘市场网络支点的融入，从而在推动边缘市场形成中心市场主体市场接口的同时抬升自身的市场状态层级。

4.5　讨论

本研究基于政府调控推动市场竞争带来自由度溢出性升级循环的原理以及边缘市场支点核心构建的三阶段模型，构建了新自由度主张市场结构和平行支点核心形成的三阶段模型，以解释如何通过开发新兴和边缘部门或市场以提升中心市场群体的市场状态层级，带来边缘层级市场包容性的发展，并最终通过引入边缘市场支点核心随着边缘市场结构重构带来中心市场结构重构，从而提升整个市场的包容性。本研究提出通过调控交易成本推动底层新兴多中心层级化市场平行伴生支点核心的形成，推动伴生支点核心竞争带来市场自由度溢出，带来自由度主张层级不断升级、获得进入更高层级自由度主张的能力并最终通过利益相关者的衔接，推动新自由度主张合法化的形成，同时带来多层级新自由度主张支点核心的形成，从而为中心市场群体进入偏远新兴和边缘部门或市场提供多层级自由度主张的市场接口。

本研究提出，通过政企合作推动交易成本调控将推动边缘新兴正规层级市场和非正规层级市场支点核心的形成。研究认为通过引导性自由度供给的方式能够推动市场自由度交涉空间改变，带来市场自由度升级性溢出，推动站位的市场主体引入溢出的主体，从而推动边缘市场自由度主张的持续升级和新自由度主张市场结构的改变。

具体而言，本研究提出通过政府的探测性引导形成元核心、通过筛选性引导建立支点核心架构以及通过规划性引导推动多层级新支点核心形成的过程，能够实现市场的溢出，推动偏远边缘市场的支点核心的形成和新自由度主张市场结构的形成，并为中心市场的主体进入偏远边缘市场、带动市场结构重构提供市场接口。

在通过政企合作改变交易成本进而推动探测性引导形成元核心的阶段，本研究首先提出通过政企合作改变区域特性、产品特性以及企业特性的方式以改变市场的交易成本。改变市场的区域特性体现为确定性、透明性、便利性、知名度，改变市场的产品特性体现为新颖性、复杂性、定制性。而改变市场的企业特性主要通过改变关系紧密度、距离和知名度来实现。

基于一手的案例资料，本研究发现通过建立行业协会、内部专业市场、交通基础设施、关系化交易网和信息网络有助于降低信息不对称度，通过构建公共服务平台、设备租赁公司以及专业化分工有助于降低资产专用性的影响，而通过区域品牌构建、加入行业协会、建立关系化交易网以及信息网络有助于市场气氛的提升，通过建立内部专业市场、交通基础以及关系化交易网能够提升交易频率进而推动更多交易主体的引入。而交易成本的改变将有助于市场竞争主体的增多，推动自由度的升级并持续推动市场产业链衍生和自由度层级提升，从而为形成主体稳定程度高和外部支撑程度高的元核心提供了必要的竞争性环境。

在筛选性阶段，本研究提出通过平行支点元核心的自由度竞争和持续的中心市场以及政府的自由度输送调控以推动偏远边缘市场形成平行支点核心元架构。研究提出通过对自由度的调控供给推动市场自由度的持续升级，带来各类市场主体不断引入溢出是推动市场主体网络层级升级的有效手段。市场自由度的升级将带动边缘市场整体自由度的升级性溢出，这将推动新兴市场、利基市场的持续发展，在正规市场主体自由度资源有限的情况下，产业链的层级性升级带来的产业链下沉将推动高层级消费群体的形成，并带动消费群体持续向非正规市场的新兴市场主体转移，进而持续提升非正规市场主体的技术自由度、市场自由度、法规自由度和文化自由度，带动市场整体自由度升级，推动更多高层级消费群体随着正规市场自由度约束的形成而转入新兴市场主体网络，推动新兴非正规层级平行伴生支点核心的形成。

在这个过程中，伴生的体现形式主要表现为正规层级系统的群体持续的高层级技术自由度的获得所带来的底层非正规层级系统内部群体的模仿。而市场的模仿将加剧底层自由度资源的稀缺性下降以及市场整体自由度的升级，随着底层资源的稀缺性下降以及消费群体自由度的升级，正规层级系统的主体会更多地把资源投入具有高层级自由度的市场中，这将推动正规层级系统内部消费群体的外溢，并为那些具有模仿能力以及利基市场开发能力的非正规层级系统的群体提供更多的消费者。随着市场消费结构的升级，这一外溢的过程会更加明显。这将推动非正规层级系统主体更快地进行技术升级，同时推动市场自由度更快地升级。这就会形成底层市场中低端自由度资源稀缺性的下降和更多高层级自由度需求群体的出现。

为推动获得高层级自由度以及有效利用市场资源，市场中心群体在资源有限的情况下会进一步为底层正规系统的主体提供更高层级的自由度输送，这就会进一步抬升底层系统的网络层级自由度，而低端的消费群体也将随着消费升级进一步外溢到非正规层级系统中，并推动底层新兴市场的网络层级自由度持续升级，带来多层级新自由度主张支点核心的形成，并推动边缘市场和整体市场结构的改变。

最后，在规划性调控阶段，通过前期的引导和筛选，市场中正规和非正规市场的主体对溢出主体的持续引入以及各种类型新制度设计部门的溢出性衔接，为市场形成新自由度主张的法规提供了结构性基础。随着市场中低层级自由度主张群体的持续增多，在市场内部资源供给有限的情况下，为推动获得高层级自由度以及有效利用市场资源，制度设计主体会具有较强的意愿以推动新自由度主张的合法性，从而在市场资源有限和需求持续增长的情况下，带来非正规市场主体新自由度主张的合法化，并随着市场的自由度升级持续溢出进入非正规市场。新自由度主张的合法化将推动偏远边缘市场正规和非正规市场主体间的学习和模仿，并随着新自由度主张需求群体的增多持续推动市场新自由度主张技术的出现，从而为构建起多层级的新自由度主张支点核心提供基础，为更多中心市场主体进入偏远边缘市场提供接口，从而有助于政府通过调控推动边缘偏远市场的市场结构改变，进而推动中心市场结构的改变，并降低市场结构扭曲和各类市场主体自由度交涉空间结构性压缩的可能。

第五章　实践启示、核心结论与展望

5.1　实践启示

本研究从自由度的角度对包容性进行了定义，将多中心层级化市场下通过调控和市场竞争推动更多类型新自由度主张主体获得特权自由度的交涉权利作为市场包容性的体现。为推动各类市场主体获得更高的自由度以实现包容性市场的构建，本研究提出通过中心市场和新兴或边缘市场的双向调控推动双边市场自由度层级衍生循环，以构建起多层级的自由度支点核心，从而衔接中心市场和边缘市场的自由度断层。市场主体通过市场间自由度断层的衔接推动双边市场（中心市场和新兴或边缘市场）结构的重构，带来两个市场新自由度主张市场结构的循环升级以及权利缺失主体新自由度主张特权自由度交涉权利的获得，推动双边市场接口和权利获得能力的持续提升。

本研究将相应市场下双向调控的过程划分为中心市场的结构调控以及边缘市场的结构调控。本研究认为中心市场结构调控的核心在于市场主体通过自由度的供给和约束，推动各类市场主体对新自由度主张合法化的竞争，带来市场自由度升级和新自由度主张群体的持续形成。这一合法化行为会推动各层级自由度主张支点核心随着市场自由度升级持续溢出进入站位的新兴和边缘部门或市场主体网络中或溢出进入边缘市场，以获得更高的自由度交涉空间。为推动中心市场支点核心的下沉，研究提出通过中心市场多层级的市场竞争以及政府的自由度供给调控和引导推动中心市场主体的溢出，带来支点核心下沉进入边缘市场。

自由度的供给主要体现为新自由度主张的合法化以及新自由度主张在不同层级市场引入的许可和资质总量的供给。通过控制自由度的供给推动市场在资源受到约束的情况下溢出进入站位的新兴和边缘部门或市场主体的网络中，通过新自由度主张的合法化，带来市场主体随着自由度升级而形成自由度断层，推动自由度溢出以及支点核心下沉并带来特权主体对衔接自由度断层的需求，推动新自由度主张特权主体的形成。

在这个过程中，持续的合作性站位将可能带来中心市场中低自由度市场主体自由度交涉空间的结构性压缩，并导致市场结构的扭曲。在这样的背景下，推动市场自由度交涉空间结构性压缩的市场主体通过衔接自由度断层进入新兴和边缘部门或市场以融入对应市场下的结构网络，有助于推动新自由度主张市场结构的形成，并带动整体市场结构的重构。同时，为防止市场结构扭曲，政府也有必要通过兼并、联合控制以及新自由度主张合法化的控制以约束市场出现持续性的自由度交涉空间结构性压缩的可能。

边缘市场结构调控的核心在于通过自由度的调控推动边缘市场自由度升级循环并形成更多层级的新自由度主张的支点核心以及新自由度主张的市场结构，从而为引入中心市场的支点核心提供合适的市场接口。在偏远边缘市场交易成本过高并同中心市场存在自由度断层的情况下，研究提出通过政企合作推动引导性自由度供给来开发偏远边缘市场以推动市场整体自由度的升级和市场结构的重构，形成多层级支点核心以应对偏远边缘市场接口缺失的问题，基于此，研究建立了偏远边缘市场结构重构的三阶段模型。

首先，在探测性引导阶段，在偏远边缘市场交易成本过高的情况下，研究提出通过政企合作进行探索性引导，改变交易成本，推动市场种群集聚升级，带来市场主体自由度交涉空间的改变，形成偏远边缘市场的元核心，为进一步提升偏远边缘市场的自由度层级结构提供基础。

其次，在筛选性引导阶段，通过正规市场和非正规市场平行支点元核心市场自由度的竞争推动市场自由度持续升级和溢出，并通过中心市场持续的自由度输送和多层级自由度支点核心的引入带来偏远市场平行支点核心元结构的形成，带动偏远边缘市场自由度结构的升级重构。

最后，在规划性引导阶段，通过具有较高自由度层级和网络衔接能力的新自由度主张群体推动偏远市场新兴领域正规市场主体和非正规市场主体的竞争，从而推动多层级新自由度主张平行支点核心的形成，为引入更多中心市场主体提供合适的市场接口，同时带来新自由度主张市场结构的形成。更多层级新自由度主张支点核心的形成，将推动中心市场和边缘市场之间自由度断层的衔接能力，并为通过边缘市场新市场结构的构建来推动中心市场新市场结构的构建提供了必要接口。

中心市场和边缘市场以及新兴市场的结构和自由度的双向调控和规划将推动双边自由度的持续溢出、市场结构的持续升级和新自由度主张市场结构的持续形成，将随着双边市场内部自由度的升级循环带来市场间自由度的对流和循环，并推动新自由度主张文化群体和市场结构的形成，同时为进一步推动市场开放提供新的市场机会接口，并为具有不同自由度主张的群体提供更多的权利。

5.2 核心结论与展望

基于偏远边缘市场结构重构的三阶段模型、市场结构扭曲的合作伙伴选择偏好理论以及中心市场新自由度主张市场结构形成的平行支点核心站位理论，研究构建了基于交易成本的市场结构重构和包容性发展市场系统构建的模型。

为理解多中心层级化市场下包容性市场构建的方式，本研究分析了如何通过调控推动多层级市场竞争和平行支点核心站位以提升新自由度主张合法化的可能，带来特权主体自由度断层的形成并推动主体获得更高层级的自由度交涉权利或者制度特权的交涉权利，如何调控多中心层级化市场选择支点核心的合作性站位以及获得新自由度主张合法性以降低市场结构扭曲的可能，如何建立针对偏远市场的调控以推动偏远市场平行支点核心的形成，并带动偏远边缘市场新市场结构的重构。本研究的主要结论和贡献包括以下几个方面。

5.2.1 多中心层级化市场下基于自由度的状态层级及溢出性升级循环环境的提出

本研究提出市场是多中心层级化的，相应的市场中存在多个不同的制度设计主体，不同的制度中心对自身市场的层级形成存在不同的规范约束以及规范和自由度层级的竞争。在这样的市场下，不同的市场主体由于自身所处的网络层级而带来网络层级资源、规范和资质的差异。在多中心的市场中，不同的中心设计主体将拥有更高层级的资源、要素和自由度的支撑。这使得各类市场主体都希望能够得到这类主体的支撑以获得更高的自由度。但由于市场设计主体受到自身自由度的限制，在存在市场层级竞争的情况下，这些市场主体会更有意愿将自由度分配给能够更好地提升自身自由度的市场群体。在这样的情况下，只有部分群体能够获得高层级的自由度交涉权利以及由此而形成的配套特权，从而将约束不同层级市场主体进入不同层级网络的能力和权利资质。

在这样的环境下，各类市场主体将为获得更高的自由度而持续竞争，从而推动市场持续地发生自由度溢出循环。自由度的溢出循环主要通过自由度升级的市场内循环和市场间循环实现（Datt'ee，Alexy & Autio，2018）。市场内循环的过程通过推动自由度在不同企业、部门内自由度的竞争性升级，并带来自由度的升级性溢出，通过网络支点核心在低层级市场的站位以推动溢出主体持续进入支点网络。而这又将推动低层级市场的自由度升级循环，并带动各层级自由度市场主体的回流，推动市场间自由度升级的循环。

随着这一过程的持续，中低层级自由度主张的增多将压缩制度设计主体自由度的供给能力，同时制度设计主体间自由度层级的竞争以及市场自由度层级的持续接近将推动高层级市场主体合法化具有更高自由度形成能力的市场，而这将挤压低自由度主体的市场空间以及资源获得能力，并推动相应的主体溢出进入低层级市场，带动低层级市场自由度层级提升，从而推动低层级市场也形成合法化高层级自由度主张的需求，并推动更多高自由度形成能力的主体出现和溢出进入能够获得更高自由度交涉空间的市场，推动市场间自由度循环的形成，带来新自由度主张需求群体的持续形成。同时，带动自由度层级化衍生，推动主体形成技术引入、市场溢出、更高自由度主张目标的引入以及市场中更高价值主张文化群体的持续形成，并带来对更高技术自由度生产主体和需求主体形成的循环，推动市场自由度的持续升级和溢出。

5.2.2　本研究基于自由度溢出性升级循环构建了自由度层级衍生循环过程机制

本研究提出通过正向自由度积累推动自由度升级的过程机制，研究将正向的自由度定义为能够为主体获得更高自由度交涉空间的权利资质，而这将使得某些高层级市场负向的权利资质在进入低层级市场后成为正向的权利资质。研究解释了如何通过调控自由度交涉空间的改变以推动自由度溢出性引入并带来市场主体自由度的升级。

基于技术自由度、市场自由度、法规自由度和文化自由度的分类，本研究提出通过多层级技术引入站位、市场边界拓展、新自由度主张形成和新自由度需求拓展的循环推动市场主体自由度的持续引入并推动主体自由度的层级衍生。

5.2.3 将新兴网络支点获得自由度交涉权利作为多中心层级化市场下包容性的体现

在多中心层级化市场下，本研究将市场主体通过市场竞争获得特权自由度交涉权利或者进入对应主体的产业链作为市场包容性的体现。嵌入网络中的市场群体为了获得更高的自由度以及自由度交涉权利将进行自由度竞争，这将带来市场自由度的升级并压缩低自由度主体的自由度交涉空间，导致部分群体溢出形成竞争性的权利缺失。

本研究指出，自由度交涉空间压缩将带来四种类型的权利缺失。一种是由于资源和能力层级差异而导致的竞争性权利缺失。另一种则是由于新自由度主张的合法化升级而导致的竞争性权利缺失。还有一种则是由于认知差异带来自由度形成方式同现有的市场自由度形成规范存在差异而导致的权利缺失。最后一种则是因自由度主张冲突而形成的权利缺失。

值得指出的是，自由度形成方式可能来源于主体认知能力过低带来同现有的制度存在权利缺失，还有一种则是主体认知能力过高使得现有市场制度无法衡量相关主体的自由度形成机制而带来的权利缺失。

同时，自由度交涉空间的压缩将推动主体为获得更高的自由度交涉空间而不断溢出现有市场，研究指出存在三类溢出，一类是高自由度的主体为进入高层级市场而进行的溢出，另一类则是低自由度的能被现有系统引入的群体的溢出，还有一类则是权利缺失主体的溢出。

引入溢出的主体提升主体的自由度交涉空间被认为是在对应系统中提升自身市场状态层级的重要手段。本研究提出通过有规划的支点核心站位能够有效地解决市场溢出的问题，降低权利缺失的形成。

5.2.4 多层级市场竞争和平行支点核心站位推动新兴网络支点形成并获得更高层级的自由度交涉权利或者制度特权

本研究提出通过多层级市场竞争和平行支点站位以推动市场主体溢出进入自身在新兴和边缘部门或市场站位的网络，并不断提升自身的自由度交涉空间，通过自由度溢出的引入带来利益相关者的衔接，推动新自由度主张的合法化的可能，从而通过形成更多新自由度主张的群体以推动市场新自由度需求的进一步形成，通过持续的新自由度主张合法化升级带来特权主体自由度断层衔接的需求从而推动主体特权自由度交涉权利的获得。

本研究提出制度设计主体通过调控（例如自由度的供给和引导）的方式推动自由度的溢出，而市场主体则通过多层级市场竞争的方式推动市场溢出（例如通过平行支点核心站位的方式以推动自身新自由度主张合法化），并最终推动市场中低自由度的主体自由度交涉空间的压缩以及自由度断层的形成，带来市场主体的溢出和新自由度主张结构的引入。市场主体间的竞争带来自由度断层的形成，推动特权自由度的持续压缩，将推动消费群体的持续转移和引流，带动市场配套转向能够形成更高自由度的领域，并形成新的网络支点。

最终，压缩市场和提升市场的成本导致特权依附主体产业链的解体和转移。同时，产业链的转移带动特权主体自由度断层衔接需求的形成，推动自身特权自由度交涉权利的获得。

5.2.5　合作性站位推动合作伙伴选择偏好带来市场结构扭曲

本研究认为合作性站位的优势带来各类市场主体更有意愿选择同主体稳定程度以及外部支持程度高的主体合作，以获得进入新兴和边缘部门或市场的合法性资质，而持续的合作性站位将可能推动市场结构扭曲的可能。主体稳定程度高的群体表现为其市场运作能够有效地通过制度规范、资质的运作而融入不同层级的市场中，具有较高自由度交涉空间的深度，在相应的市场中能够进入更多的网络层级中。

在多中心层级化市场中，通过选择稳定程度高的主体进行合作，能够有效地推动市场资源向具有更高自由度的领域去衍生，并带动市场主体的模仿，推动市场低层级自由度资源稀缺性的下降，推动市场中自由度层级的上升和低端产业链层级的下沉，并带动各类市场主体向具有更高自由度交涉空间的领域去衍生，在更高自由度层级的领域站位将推动主体合作网络伴随生产群体和消费群体向自身网络持续转移，同时通过稳定程度高的主体的资质渠道以及引入主体的资质渠道推动多层级利益相关者链接，提升新自由度主张合法化的可能，从而推动市场自由度断层的形成，提升自身获得特权自由度交涉权利的可能。

市场层级状态获得外部支撑的程度则表现为主体对不同部门的网络进

入能力较强，从而能够有效聚合不同部门的网络资源，表现为具有更高的自由度交涉宽度。这样在市场状态层级不断演化的背景下，更多类型的具有不同市场自由度的市场群体会被更快地制造出来。

在这样的情况下，随着进入这个市场的消费群体的自由度更快地得到提升，市场整体的层级也会更快地提升。这就会带来市场整体的产业链更快地向制度特权的边界逼近，并随着更快的市场主体的消费升级，不断引入具有更高市场自由度的市场配套和新的具有更高自由度的产品。这样市场设计主体也会有意愿不断把资源配套转向这些群体以推动市场整体自由度的提升。

在这样的情况下，在更高自由度层级的中心站位将推动主体合作网络伴随生产群体和消费群体向自身网络持续转移，同时通过外部支撑程度高的主体的资质渠道以及引入主体的资质渠道推动多中心利益相关者链接，提升新自由度主张合法化的可能，并推动市场自由度断层的形成，提升自身获得特权自由度交涉权利的可能。

5.2.6 如何建立偏远边缘市场的调控以推动新兴市场平行伴生支点核心以及新市场结构形成

在偏远新兴市场形成更多层级的支点核心以推动偏远市场为中心群体提供更多的市场接口，需要通过探测性引导、筛选性引导以及规划性引导的过程实现。探测性引导的核心在于通过改变交易成本以推动市场生产系统中群体的集聚，带来市场主体的自由度升级。

本研究提出可以通过改变市场交易成本的方式，推动新兴市场的发展以及市场主体行为的改变。具体而言，可以通过改变情景特性、产品特性以及企业特性的方式改变新兴市场的交易成本。由交易成本改变而带来的自由度的改变将推动网络层级化的市场下主体的行为可能受到网络的约束而存在自由度的约束，从而改变这种自由度的约束而带来的主体行为和习惯的约束，并推动市场主体以及相关的网络向能够产生更高市场自由度的领域去发展。这有利于推动市场整体获得更高的自由度以及市场随着自由度的改变而实现产业链向具有更高市场层级规范的领域和部门去衍生。

本研究提出，随着自由度的持续升级，通过对市场主体的持续筛选，有助于偏远新兴市场形成多层级的支点核心，通过对各类市场主体的溢出引入有助于推动市场主体网络层级的升级。市场自由度的升级将带动边缘市场整体自由度的升级性溢出，这将推动新兴市场、利基市场的持续发展，在正规市场主体自由度资源有限的情况下，产业链的层级性升级带来的产业链下沉将推动高层级消费群体的形成，并带动消费群体持续向非正规市场、新兴市场主体转移，并持续提升非正规市场主体的技术自由度、市场自由度、法规自由度和文化自由度，带动市场整体自由度升级，推动更多高层级消费群体随着正规市场自由度的约束而转入新兴市场主体网络，推动新兴非正规市场多层级平行支点核心的形成，从而为中心市场主体进入边缘市场提供多层级的市场接口。

规划性引导主要关注新利基市场的出现将带来现有法规的缺失，制度设计主体通过推动新自由度主张的合法化，从而有利于偏远边缘市场形成新自由度主张群体，并推动市场自由度断层的形成。市场的发展和自由度主张结构的升级将不断压缩存在自由度断层群体的自由度交涉空间并推动更多新自由度主张的形成以及市场的下沉。这将推动新兴市场平行支点核心的形成，并为中心市场群体进入偏远边缘新兴市场提供更多层级的市场接口，以及为进一步推动整体市场开放提供多层级自由度主张的支点核心和市场接口。

参考文献

[1] ABRAHAMSON E. Managerial fads and fashions: the diffusion and rejection of innovations. Academy of Management Review, 1991, 16 (3): 586 - 612.

[2] ABRAHAMSON E, FOMBRUN C J. Macrocultures: determinants and consequences. Academy of Management Review, 1994, 19 (4): 728 - 755.

[3] ABRAHAMSON E. Management fashion. Academy of Management Review, 1996, 21 (1): 254 - 285.

[4] ADNER R, KAPOOR R. Innovation ecosystems and the pace of substitution: re-examining technology S-curves. Strategic Management Journal, 2016, 37 (4): 625 - 648.

[5] Adner R, Kapoor R. Value creation in innovation ecosystems: how the structure of technological interdependence affects firm performance in new technology generations. Strategic Management Journal, 2010, 31 (3): 306 - 333.

[6] ALI I, ZHUANG J. Inclusive growth toward a prosperous Asia: policy Implications. ERD Working Paper Series, 2007: 97. Manila: ADB.

[7] Ali I, Hyun H S. Defining and measuring inclusive growth: application to the Philippines. ERD Working Paper Series, 2007: 98. Manila: ADB.

[8] Ali I, Son H H. Measuring inclusive growth. Asian Development Review, 2007, 24 (1): 11 - 31.

[9] ARDICHVILI A, CARDOZO R, RAY S. A theory of entrepreneurial opportunity identification and development. Journal of Business Venturing, 2003, 18 (1): 105 - 123.

〔10〕 BAIN J. Barriers to new competition. Cambridge, Mass: Harvard University Press, 1956.

〔11〕 BAKKER R M, SHEPHERD D A. Pull the plug or take the plunge: multiple opportunities and the speed of venturing decisions in the australian mining industry. Academy of Management Journal, 2017, 60 (1): 130 - 155.

〔12〕 BANSAL P, ROTH K. Why companies go green: a model of ecological responsiveness. Academy of Management Journal, 2000, 43 (4): 717 - 736.

〔13〕 BARNEY J B. Firm resource and sustained competitive advantage. Journal of Management, 1991, 17 (1): 99 - 120.

〔14〕 BATJARGAL B, HITT M A, TSUI A S, ARREGLE J L, WEBB J W, MILLER T L. Institutional polycentrism, entrepreneurs' social networks, and new venture growth. Academy of Management Journal, 2013, 56 (4): 1024 - 1049.

〔15〕 BEAMISH P W, BANKS J C. Equity joint ventures and the theory of the multinational enterprise. Journal of International Business Studies, 1987, 18 (2): 1 - 16.

〔16〕 BENJAMIN B A, PODOLNY J M. Status, quality, and social order in the california wine industry. Administrative Science Quarterly, 1999, 44 (3): 563 - 589.

〔17〕 BIGGART N W, DELBRIDGE R. Systems of exchange. Academy of Management Review, 2004, 29 (1): 28 - 49.

〔18〕 BLYLER M, COFF R W. Dynamic capabilities, social capital, and rent appropriation: ties that split pies. Strategic Management Journal, 2003, 24 (7): 677 - 686.

〔19〕 BOLT R. Accelerating agriculture and rural development for inclusive growth: policy Implications for developing Asia. ERD Policy Brief Series, 2004: 29. Manila: ADB.

〔20〕 BOWMAN E H, HURRY D. Strategy through the option lens: an integrated view of resource investments and the incremental-choice process. Academy of Management Review, 1993, 18 (4): 760 - 782.

〔21〕 BROWN S L, EISENHARDT K M. The art of continuous

change: linking complexity theory and time-paced evolution in relentlessly shifting organizations. Administrative Science Quarterly, 1997, 42: 1 - 35.

[22] BUCKLEY P J, CASSON M. A theory of cooperation in international business// Contractor F J, Lorange P. (Eds.) Cooperative strategies in international business. Lexington, MA: Lexington Books, 1988: 31 - 53.

[23] CAMPBELL J L. Institutional change and globalization. Princeton, N J: Princeton University Press, 2004.

[24] CAMPBELL J L, LINDBERG L N. Property rights and the organization of economic activity by the state. American Sociological Review, 1990, 55 (5): 634 - 647.

[25] CAMPELL D J. Task complexity: a review and analysis. Academy of Management Review, 1988, 13 (1): 40 - 52.

[26] CARDINALE I. Beyond constraining and enabling: towards new microfoundations for institutional theory. Academy of Management Review, 2018, 43 (1): 132 - 155.

[27] COASE R H. The nature of the firm. Economica, 1937, 4: 386 - 405.

[28] COASE R H. The institutional structure of production. American Economic Review, 1992, 82 (4): 712 - 719.

[29] COBB A J. How firms shape income inequality: stakeholder power, executive decision making, and the structuring of employment relationships. Academy of Management Review, 2016, 41: 324 - 348.

[30] COLLINS B E, HOYT M F. Personal responsibility-for-consequences: an integration and extension of the "forced compliance" literature. Journal of Experimental Social Psychology, 1972, 8: 558 - 593.

[31] COOPER R G. Perspective: the stage-gate idea-to-launch process—update, what's new, and nexgen systems. Journal of Product Innovation Management, 2008, 25: 213 - 232.

[32] COWEN A P. An expanded model of status dynamics: the effects of status transfer and interfirm coordination. Academy of Management Journal, 2012, 55: 1169 - 1186.

[33] DATTÉE B, ALEXY O, AUTIO E. Maneuvering in poor visibility:

how firms play the ecosystem game when uncertainty is high. Academy of Management Journal, 2018, 61 (2): 466 - 498.

[34] DIMAGGIO P J, POWELL W W. The iron cage revisited: institutional isomorphism and collective rationality in organizational fields. American Sociological Review, 1983, 48 (2): 147 - 160.

[35] DOBREV S D, GOTSOPOULOS A. Legitimacy vacuum, structural imprinting, and the first mover disadvantage. Academy of Management Journal, 2010, 53 (5): 1153 - 1174.

[36] DONEY P M, CANNON J P, MULLEN M R. Understanding the influence of national culture on the development of trust. Academy of Management Review, 1998, 23 (3): 601 - 620.

[37] DOROBANTU S, LINDNER T, MÜLLNER J. Political risk and alliance diversity: a two- stage model of partner selection in multipartner alliances. Academy of Management Journal, 2020, 63 (6): 1775 - 1806.

[38] DYER J H. Effective interfirm collaboration: how firms minimize transaction costs and maximize transaction value. Strategic Management Journal, 1997, 18 (7): 535 - 556.

[39] ECKHARDT J T, SHANE S A. Opportunities and entrepreneurship. Journal of Management, 2003, 29 (3): 333 - 349.

[40] FERNANDO N. Rural development outcomes and drivers: an overview and some lessons. EARD Special Studies, 2008. Manila: ADB.

[41] FLIGSTEIN N. The architecture of markets: an economic sociology of twenty-first-century capitalist societies. Princeton, N J: Princeton University Press, 2002.

[42] FOMBRUN C J, ZAJAC E J. Structural and perceptual influences on intraindustry stratification. Academy of Management Journal, 1987, 30: 33 - 50.

[43] GALBRAITH J R, ROBERT K K. Organizing to implement strategies of diversity and globalization: the role of matrix designs. Human Resource Management, 1986, 25 (1): 37 - 54.

[44] GIMENO J, HOSKISSON R E, BEAL B D, WAN W P. Explaining the clustering of international expansion moves: a critical test in the U. S. telecommunications industry. Academy of Management Journal,

2005，48（2）：297 - 319.

[45] GONDO M B，AMIS J M. Variations in practice adoption: the roles of conscious reflection and discourse. Academy of Management Review，2013，38（2）：229 - 247.

[46] GOULD R V. Collision of wills: how ambiguity about social rank breeds conflict. Chicago: University of Chicago Press，2003.

[47] GREENWOOD R，SUDDABY R，HININGS C R. Theorizing change: the role of professional associations in the transformation of institutionalized fields. Academy of Management Journal，2002，45（1）：58 - 80.

[48] GREENWOOD R，SUDDABY R. Institutional entrepreneurship in mature fields: the big five accounting firms. Academy of Management Journal，2006，49（1）：27 - 48.

[49] GREIF A. Institutions and the path to the modern economy: lessons from medieval trade. Cambridge: Cambridge University Press，2006.

[50] GREVE H R. Organizational learning from performance feedback: a behavioral perspective on innovation and change. Cambridge: Cambridge University Press，2003.

[51] GULATI R. Does familiarity breed trust? The implications of repeated ties for contractual choice in alliances. Academy of Management Journal，1995，38（1）：85 - 112.

[52] GURSES K，OZCAN P. Entrepreneurship in regulated markets: framing contests and collective action to introduce pay TV in the U. S. Academy of Management Journal，2015，58（6）：1709 - 1739.

[53] HAJRO A，GIBSON C B，PUDELKO M. Knowledge exchange processes in multicultural teams: linking organizational diversity climates to teams'effectiveness. Academy of Management Journal，2017，60：345 - 372.

[54] HAMBRICK D C. High profit strategies in mature capital goods industries: a contingency approach. Academy of Management Journal，1983，26（4）：687 - 707.

[55] HAMPEL C E，TRACEY P，WEBER K. The art of the pivot:

how new ventures manage identification relationships with stakeholders as they change direction. Academy of Management Journal, 2020, 63 (2): 440 - 471.

[56] HANNAN M T, FREEMAN J. The population ecology of organizations. American Journal of Sociology, 1977, 82 (5): 929 - 964.

[57] HANNAN M, FREEMAN J. Organizational ecology. Cambridge, Mass: Harvard University Press, 1989.

[58] HARDY C, MAGUIRE S. Discourse, field-configuring events, and change in organizations and institutional fields: narratives of DDT and the stockholm convention. Academy of Management Journal, 2010, 53 (6): 1365 - 1392.

[59] HIATT S R, SINE W D, TOLBERT P S. From pabst to pepsi: the deinstitutionalization of social practices and the creation of entrepreneurial opportunities. Administrative Science Quarterly, 2009, 54 (4): 635 - 667.

[60] HSIEH K Y, TSAI W, CHEN M J. If they can do it, why not us? Competitors as reference points for justifying escalation of commitment. Academy of Management Journal, 2015, 58 (1): 38 - 58.

[61] JENSEN M. The use of relational discrimination to manage market entry: when do social status and structural holes work against you? Academy of Management Journal, 2008, 51 (4): 723 - 743.

[62] KENNETH T G, BRIANT P. From actions to paths to patterning: toward a dynamic theory of patterning in routines. Academy of Management Journal, 2019, 62 (6): 1901 - 1929.

[63] KHAIRE M, WADHWANI R D. Changing landscapes: the construction of meaning and value in a new market category—modern indian art. Academy of Management Journal, 2010, 53 (6): 1281 - 1304.

[64] KOCHHAR R. Explaining firm capital structure: the role of agency theory vs. transaction cost economics. Strategic Management Journal, 1996, 17: 713 - 728.

[65] KOTHA S. Mass customization: implementing the emerging paradigm for competitive advantage. Strategic Management Journal, 1995, 16 (5): 21 - 42.

[66] KRAUSE R, WU Z Y, BRUTON G D, CARTER S M. The coercive

isomorphism ripple effect: an investigation of nonprofit interlocks on corporate boards. Academy of Management Journal, 2019, 62: 283 - 308.

[67] PORTA L, F L R, SHLEIFER A, VISHNY R. Law and finance. Journal of Political Economy, 1998, 106 (6): 1113 - 1155.

[68] LARZELERE R E, HUSTON T L. The dyadic trust scale: toward understanding interpersonal trust in close relationships. Journal of Marriage and the Family, 1980, 42 (3): 595 - 604.

[69] LAWRENCE T B, HARDY C, PHILLIPS N. Institutional effects of interorganizational collaboration: the emergence of proto-institutions. Academy of Management Journal, 2002, 45 (1): 281 - 290.

[70] LEAVITT H J. Applied organizational change in industry: structural, technological and humanistic approaches // March J G. (Ed.) Handbook of organizations. Chicago: Taylor and Francis, 2013: 1144 - 1170.

[71] LINDSKOLD S, BENNETT R. Attributing trust and conciliatory intent from coercive power capability. Journal of Personality and Social Psychology, 1973, 28 (2): 180 - 186.

[72] MAGEE J C, GALINSKY A D. Social hierarchy: the self-reinforcing nature of power and status. The Academy of Management Annals, 2008, 2 (1): 351 - 398.

[73] MAGUIRE S, HARDY C. The emergence of new global institutions: a discursive perspective. Organization Studies, 2006, 27 (1): 7 - 29.

[74] MAGUIRE S, HARDY C. Discourse and deinstitutionalization: the decline of DDT. Academy of Management Journal, 2009, 52 (1): 148 - 178.

[75] MAGUIRE S, HARDY C, LAWRENCE T. Institutional entrepreneurship in emerging fields: HIV/AIDS treatment advocacy in Canada. Academy of Management Journal, 2004, 47 (5): 657 - 679.

[76] MAIR J, MARTÍ I, VENTRESCA M J. Building inclusive markets in rural bangladesh: how intermediaries work institutional voids. Academy of Management Journal, 2012, 55 (4): 819 - 850.

[77] MARCH J G, SIMON H A. Organizations. New York: Wiley, 1958.

[78] MCALLISTER D J. Affect-and cognition-based trust as foundations for interpersonal cooperation in organizations. Academy of Management Journal, 1995, 38 (1): 24 - 59.

[79] MCGRATH R G. Falling forward: real options reasoning and entrepreneurial failure. Academy of Management Review, 1999, 24 (1): 13 - 30.

[80] MCKINLEY T. Inclusive growth criteria and indicators: an inclusive growth index for diagnosis of country progress. Asian Development Bank, 2010.

[81] MCKNIGHT D H, CUMMINGS L L, CHERVANY N L. Initial trust formation in new organizational relationships. Academy of Management Review, 1998, 23 (3): 473 - 490.

[82] NAYYAR P R. Information asymmetries: a source of competitive advantage for diversified service firms. Strategic Management Journal, 1990, 11 (7): 513 - 519.

[83] NAYYAR P R. Performance effects of information asymmetry and economies of scope in diversified service firms. Academy of Management Journal, 1993, 36 (1): 28 - 57.

[84] NEWTON T I. Creating the new ecological order? Elias and actor-network theory. Academy of Management Review, 2002, 27 (4): 523 - 540.

[85] NORTH D C. Institutions, institutional change and economic performance. Cambridge : Cambridge University Press, 1990.

[86] OLIVER C. Determinants of interorganizational relationships: integration and future directions. Academy of Management Review, 1990, 15 (2): 241 - 265.

[87] OLIVER C. Strategic responses to institutional processes. Academy of Management Review, 1991, 16 (1): 145 - 179.

[88] OZCAN P, GURSES K. Playing cat and mouse: contests over regulatory categorization of dietary supplements in the United States. Academy of Management Journal, 2018, 61: 1221 - 1282.

[89] PACHE A C, SANTOS F. When worlds collide: the internal dynamics of organizational responses to conflicting institutional demands.

Academy of Management Review, 2010, 35 (3): 455 - 476.

[90] PINE B J. Making mass customization happen: strategies for the new competitive realities. Planning Review, 1993, 21: 23 - 24.

[91] PODOLNY J M. A status-based model of market competition. American Journal of Sociology, 1993, 98 (4): 829 - 872.

[92] POUDER R, ST JOHN, CARON H. Hot spots and blind spots: geographical clusters of firms and innovation. Academy of Management Review, 1996, 21 (4): 1192 - 1225.

[93] PRAHALAD C K. The fortune at the bottom of the pyramid: eradicating poverty through profits. New Delhi: Pearson Education/Wharton School Publishing, 2004.

[94] PRAHALAD C K, HAMMOND A. Serving the world's poor, profitably. Harvard Business Review, 2002, 9: 4 - 13.

[95] PROVAN K G. Interorganizational cooperation and decision-making autonomy in a consortium multihospital system. Academy of Management Review, 1984, 9: 494 - 504.

[96] PUFFER S M, MCCARTHY D J, BOISOT M. Entrepreneurship in Russia and China: the impact of formal institutional voids. Entrepreneurship Theory and Practice, 2010, 34 (3): 441 - 467.

[97] PURANAM P, SINGH H, ZOLLO M. Organizing for innovation: managing the coordination-autonomy dilemma in technology acquisitions. Academy of Management Journal, 2006, 49 (2): 263 - 280.

[98] PURDY J M, GRAY B. Conflicting logics, mechanisms of diffusion, and multilevel dynamics in emerging institutional fields. Academy of Management Journal, 2009, 52 (2): 355 - 380.

[99] RAUNIYAR G, KANBUR R. Inclusive development: two papers on conceptualization, application, and the ADB perspective. http: // dyson. cornell. edu/research/researchpdf/wp/2010/Cornell _ Dyson _ wp1001. pdf. Cornell University, Department of Applied Economics and Management, Working Papers, 2010.

[100] RAYNARD M, LU F, JING R. Reinventing the state-owned enterprise? Negotiating change during profound environmental upheaval. Academy of Management Journal, 2020, 63 (4): 1300 - 1335.

[101] REED R, DEFILLIPPI R J. Causal ambiguity, barriers to imitation, and sustainable competitive advantage. Academy of Management Review, 1990, 15 (1): 88 - 102.

[102] SARASON Y, DEAN T J. Lost battles, trojan horses, open gates, and wars won: how entrepreneurial firms co-create structures to expand and infuse their sustainability missions in the acquisition process. Academy of Management Perspectives, 2019, 33 (4): 469 - 490.

[103] SHANE S, VENKATARAMAN S. The promise of entrepreneurship as a field of research. Academy of Management Review, 2000, 25 (1): 217 - 226.

[104] SIMMEL G. Fashion. American Journal of Socioiogy, 1957, 62 (6): 541 - 558.

[105] SHANTZ A F S, KISTRUCK G M, PACHECO D F, WEBB J W. How formal and informal hierarchies shape conflict within cooperatives: a field experiment in Ghana. Academy of Management Journal, 2019, 63: 27.

[106] SMETS M, MORRIS T, GREENWOOD R. From practice to field: a multilevel model of practice-driven institutional change. Academy of Management Journal, 2012, 55 (4): 877 - 904.

[107] SPISAK B R, O'BRIEN M J, NICHOLSON N, VUGT M N. Niche construction and the evolution of leadership. Academy of Management Review, 2015, 40: 291 - 306.

[108] STEENSMA H K, TIHANYI L, LYLES M A, DHANARAJ C. The evolving value of foreign partnerships in transitioning economies. Academy of Management Journal, 2005, 48 (2): 213 - 235.

[109] STUART T E, HOANG H, HYBELS R C. Interorganizational endorsements and the performance of entrepreneurial ventures. Administrative Science Quarterly, 1999, 44 (2): 315 - 349.

[110] SUBRAMANI M R, VENKATRAMAN N. Safeguarding investments in asymmetric interorganizational relationships: theory and evidence. Academy of Management Journal, 2003, 46 (1): 26 - 46.

[111] SWAMINATHAN A. Resource partitioning and the evolution of specialist organizations: the role of location and identity in the U.S.

wine industry. Academy of Management Journal，2001，44：1169 - 1185.

［112］VEN V D, ANDREW H. Central problems in the management of innovation. Management Science，1986，32（5）：590 - 607.

［113］WALKER G, WEBER D. Supplier competition，uncertainty，and make-or-buy decisions. Academy of Management Journal，1987，30（3）：589 - 596.

［114］WASHINGTON M, ZAJAC E J. Status evolution and competition：theory and evidence. Academy of Management Journal，2005，48（2）：282 - 296.

［115］WERNERFELT B. Resource-based view of the firm. A Strategic Management Journal，1984，5（2）：171 - 180.

［116］WILLIAMSON O E. Markets and Hierarchies. New York：Free Press，1975.

［117］WILLIAMSON P J, WU X B, YIN E. Learning from Huawei's superfluidity. Ivey Business Journal，2019.

［118］WOLFE M T, SHEPHERD D A. What do you have to say about that? Performance events and narratives' positive and negative emotional content. Entrepreneurship Theory and Practice，2015，39（4）：895 - 925.

［119］WRIGHT A L, ZAMMUTO R F. Wielding the willow：processes of institutional change in English county cricket. Academy of Management Journal，2013，56：308 - 330.

［120］YIN R K. Case study research. Newbury Park，CA：Sage，1989.

［121］YIN R K. Case study research：design and methods（3rd edition）. Thousand Oaks：Sage Publications，2003.

［122］ZAJAC E J, OLSEN C P. From transaction cost to transactional value analysis：implications for the study of interorganizational strategies. Journal of Management Studies，1993，30（1）：131 - 145.

［123］ZHANG Y, LI Y, LI H Y. FDI spillovers over time in an emerging market：the roles of entry tenure and barriers to imitation. Academy of Management Journal，2014，57（3）：698 - 722.

［124］陈钊，王旸. "营改增"是否促进了分工：来自中国上市公司的证据. 管理世界，2016（3）.

[125] 范子英，彭飞."营改增"的减税效应和分工效应：基于产业互联的视角. 经济研究，2017（2）.

[126] 管兵，夏瑛. 政府购买服务的制度选择及治理效果：项目制、单位制、混合制. 管理世界，2016（8）.

[127] 黄凯南，乔元波. 产业技术与制度的共同演化分析——基于多主体的学习过程. 经济研究，2018（12）.

[128] 黄祖辉，张静，Kevin Chen. 交易费用与农户契约选择——来自浙冀两省 15 县 30 个村梨农调查的经验证据. 管理世界，2008（9）.

[129] 姜雁斌. 基于合法性平台的包容性市场系统构建机制研究及其拓展. 浙江大学博士后报告.

[130] 姜雁斌. 交易成本视角下的包容性发展促进机制及其对社会满意的影响. 浙江大学博士论文.

[131] 李维安，张耀伟，郑敏娜，李晓琳，崔光耀，李惠. 中国上市公司绿色治理及其评价研究. 管理世界，2019（5）.

[132] 阮建青，张晓波，卫龙宝. 资本壁垒与产业集群——基于浙江濮院羊毛衫产业的案例研究. 经济学（季刊），2008（1）.

[133] 桑瑜. 产业升级路径：基于竞争假设的分析框架及其推论. 管理世界，2018（1）.

[134] 史晋川，金祥荣，赵伟，罗卫东. 制度变迁与经济发展：温州模式研究. 杭州：浙江大学出版，2002.

[135] 万倩雯，卫田，刘杰. 弥合社会资本鸿沟：构建企业社会创业家与金字塔底层个体间的合作关系——基于 LZ 农村电商项目的单案例研究. 管理世界，2019（5）.

[136] 吴晓波，姜雁斌. 包容性创新理论框架的构建. 系统管理学报，2012（6）.

[137] 谢洪明，章俨，刘洋，程聪. 新兴经济体企业连续跨国并购中的价值创造：均胜集团的案例. 管理世界，2019（5）.

[138] 杨高举，黄先海. 内部动力与后发国分工地位升级——来自中国高技术产业的证据. 中国社会科学，2013（2）.

[139] 余泳泽，刘大勇，龚宇. 过犹不及 事缓则圆：地方经济增长目标约束与全要素生产率. 管理世界，2019（7）.

[140] 赵勇，魏后凯. 政府干预、城市群空间、功能分工与地区差距——兼论中国区域政策的有效性. 管理世界，2015（8）.